Daniel Dettling
**Eine bessere Zukunft ist möglich**

Daniel Dettling

# Eine bessere Zukunft ist möglich

## Ideen für die Welt von morgen

Kösel

Sollte diese Publikation Links auf Webseiten Dritter enthalten, so übernehmen wir für deren Inhalte keine Haftung, da wir uns diese nicht zu eigen machen, sondern lediglich auf deren Stand zum Zeitpunkt der Erstveröffentlichung verweisen.

Wir haben uns bemüht, alle Rechteinhaber ausfindig zu machen, verlagsüblich zu nennen und zu honorieren. Sollte uns dies im Einzelfall aufgrund schlechter Quellenlage nicht möglich gewesen sein, werden wir uns bemühen, begründete Ansprüche zu erfüllen.

Aus Gründen der leichteren Lesbarkeit konnte eine gendergerechte Schreibweise nicht durchgängig eingehalten werden. Bei der Verwendung entsprechender geschlechtsspezifischer Begriffe sind im Sinne der Gleichbehandlung jedoch ausdrücklich alle Geschlechter angesprochen.

Verlagsgruppe Random House FSC® N001967

Copyright © 2021 Kösel-Verlag, München,
in der Penguin Random House Verlagsgruppe GmbH,
Neumarkter Str. 28, 81673 München
Umschlag: zero-media.net, München
Umschlagmotiv: FinePic®, München
Druck und Bindung: GGP Media GmbH, Pößneck
Printed in Germany
ISBN 978-3-466-37275-1
www.koesel.de

Dieses Buch widme ich dem unsterblichen Hans Rosling, der bis zu seinem Tod versuchte, uns beizubringen, die Welt so positiv zu sehen, wie sie wirklich ist. Wir hätten sein letztes Buch genauer lesen sollen, dann wäre uns in den letzten Jahren möglicherweise manches erspart geblieben. Nehmen wir seine Botschaft ernst: Verändern wir die Welt – und unseren Blick auf sie!

Einleitung: **Früher war alles schlechter!** . . . . . . . 9

ERSTE ZUKUNFTSWETTE
Wir bleiben so jung wie wir wollen! . . . . . . . . . 23

**1. Wir werden jünger und nicht zu viele** . . . . . . 25

Die demografische Revolution . . . . . . . . . 27

Silver Economy: Das Modell der Zukunft . . . . . . 31

Pro-Aging: Wir werden immer jünger!. . . . . . . 34

Ein neuer Generationenvertrag . . . . . . . . . 39

ZWEITE ZUKUNFTSWETTE
Die Welt wird friedlicher! . . . . . . . . . . . . 51

**2. Die Welt wird friedlicher, glücklicher und sicherer** 53

Soziales Kapital gegen Kontrollverlust . . . . . . 57

Ein Friedensvertrag für eine gespaltene Gesellschaft . . . 64

1. Recht auf Glück und Heimat . . . . . . . 66

2. Gesellschaft des Respekts: Die Rettung der Arbeit . . . 75

3. Politik der Dableibensvorsorge . . . . . . . 87

DRITTE ZUKUNFTSWETTE
Die Welt wird wohlhabender! . . . . . . . . . . 91

**3. Die Welt wird wohlhabender** . . . . . . . . 93

Das Ende der extremen Armut . . . . . . . . 95

Migration schafft Wohlstand . . . . . . . . . . 101

Zukunftskontinent Afrika . . . . . . . . . . 106

Die resiliente Globalisierung . . . . . . . . . . 111

VIERTE ZUKUNFTSWETTE

Die Klimakatastrophe findet nicht statt! . . . . . . . 117

### 4. Die Welt wird klimaneutral . . . . . . . . . . 119

Neo-Ökologie: Die Versöhnung mit der Ökonomie . . . . 124

Die Generation Global und der neue Kapitalismus . . . . 131

Das Ende der Knappheit . . . . . . . . . . . . . 142

Europa wird zur ökologischen Supermacht . . . . . . . 147


FÜNFTE ZUKUNFTSWETTE

Die Demokratie gewinnt! . . . . . . . . . . . . . 153

### 5. Die Welt wird demokratischer . . . . . . . . 155

Die Seuche des Despotismus . . . . . . . . . . . 158

Die Neugründung Europas . . . . . . . . . . 166

Die erneuerbare Demokratie . . . . . . . . . . . 174

Demokratie für die Zukunft und jeden Tag . . . . . . 184


Epilog: Wetten wir auf eine bessere Zukunft . . . . . . 191


Danksagung . . . . . . . . . . . . . . . . . . 196

Quellen und Lesenswertes . . . . . . . . . . . . . 197

Wir leben in der besten
aller möglichen Welten.

*Gottfried Wilhelm Leibniz,*
*politischer Berater der frühen Aufklärung*

# EINLEITUNG

# Früher
# war
# alles
# schlechter!

Wer in den 70er und 80er Jahren des vergangenen Jahrhunderts aufgewachsen ist wie ich, müsste heute als 40- oder 50-Jähriger längst tot sein. Nukleares Wettrüsten, Waldsterben, Tschernobyl, AIDS – die Prognosen für das 21. Jahrhundert ließen nur das Allerschlimmste zu. Es sei unverantwortlich, in diese Welt noch Kinder zu setzen, hörte diese Generation damals von Lehrern, Politikern und den eigenen Eltern. Die Geburtenrate sank danach tatsächlich, die große Katastrophe blieb jedoch aus. Umfragen und Studien kommen heute zu einem erstaunlichen Ergebnis: Die allermeisten Deutschen sehen ihr eigenes Leben als gut und bezeichnen sich selbst als glücklich, für die generelle und gemeinsame Zukunft sehen sie dagegen schwarz. Die Vision des technologischen Fortschritts steht heute nicht mehr für sozialen Aufstieg und eine bessere Welt. Stattdessen dominiert die Angst vor der Zukunft. Oder glauben Sie, dass Roboter und Maschinen unser Leben bereichern und zu besseren Jobs führen? Glauben Sie, dass die Umwelt nicht mehr stärker verschmutzt und die weltweite Armut abnimmt? Oder dass die Demokratie im Kampf gegen globale Krisen wie Pandemien bestehen wird? Dann wird Sie dieses Buch überraschen!

## Der »Immerschlimmerismus« ist die größte Gefahr unserer Zeit

Warum *wollen* wir glauben, dass die Welt immer schlechter wird? Woher kommt dieses Denkmuster, das der Zukunftsforscher Matthias Horx als »Immerschlimmerismus« bezeichnet und wer profitiert davon? Für die große Mehrheit von uns ist die Zukunft schwer vorstell- und greifbar. Viele Herausforderungen, die wir als Bedrohungen wahrnehmen, sind räumlich und zeitlich weit weg: Klimawandel, Hunger, Kriege. Sie erscheinen uns so fern, dass es uns schwerfällt, uns überhaupt mit ihnen auseinanderzusetzen. Sozialpsychologen haben dafür den Begriff der »psychologischen Distanz« erfunden.

Zukunft ist also Kopfsache: unsere Bilder von der Zukunft entstehen im Gehirn und das reagiert in erster Linie auf Gefahren, auf Terror, Kriege und Katastrophen. Das menschliche Gehirn ist das Produkt von Millionen Jahren Evolution. Es besteht aus zwei Teilen, einem Vernunftgehirn (dem »präfrontalen Cortex«) und einem Angstgehirn (der sogenannten »Amygdala«): Wenn wir uns bedroht fühlen, gewinnt meist der Teil, in dem unsere Urangst sitzt: der primitivere Teil des Hirns, welcher mit Statistiken und Wahrscheinlichkeiten nichts anfangen kann und ungefähr auf der Stufe eines Huhns liegt. Auf rationale Argumente reagiert es nicht. Wer Flugangst hat, dem hilft das Wissen wenig, dass ein Flugzeug das sicherste Verkehrsmittel ist. Wenn bei einem Attentat zehn Deutsche pro Jahr sterben, hilft es nichts zu wissen, dass pro Jahr mehr als 9.000 Menschen durch Unfälle im eigenen Haushalt ums Leben kommen. Das Vernunftgehirn befindet sich mit dem Angstgehirn in einem ständigen Kampf.

Richtig ist aber auch: Ohne ihre Urangst wäre die Menschheit wohl längst ausgestorben. Es waren ihre Instinkte, die unseren Vorfahren halfen, in kleinen, überschaubaren Gruppen als Jäger und Sammler zu überleben. Ohne lange nachzudenken, konnten die damaligen Menschen zu schnellen Entschlüssen kommen. Das half ihnen, sich vor unmittelbaren Gefahren zu schützen. Heute leben wir zwar in einer völlig anderen Welt, doch statt von Daten und Reflexion, lassen wir uns auch weiterhin von Dramen und Instinkten leiten.

Gute Nachrichten und Informationen haben es also schwer. »Only bad news is good news«: diesen Leitsatz kennen viele Journalisten und überhäufen uns mit negativen Botschaften. Wer von der Welle des Alarmismus profitiert, sind insbesondere Populisten, Verschwörungstheoretiker und alle Zukunftsparanoiker. Heute glauben nur wenige Europäerinnen und Europäer und noch weniger US-Amerikanerinnen und US-Amerikaner, dass die Zukunft eine bessere Version der Gegenwart ist. Für den Bioethiker Giovanni Maio ist Hoffnung der zentrale Antrieb zur Gestaltung der Zukunft. Eine Gesellschaft mit einem Gefühl der Zukunftslosigkeit verliert die Hoffnung auf eine bessere Zukunft. Populisten haben dann leichtes Spiel und machen aus individueller Ohnmacht kollektive Machtfantasien.

Und wir alle leiden unter den falschen Zukunftsbildern. Wir können uns Zukunft, wenn überhaupt, nur linear vorstellen. Unser Irrtum ist, nur geradeaus zu denken. Es kann, glauben wir, nur ein Aufwärts oder Abwärts geben. Dabei sind die Welt und unsere Vorstellung von ihr einem Wandel unterworfen. Linearismus und Immerschlimmerismus bedingen sich. Wir trauen unserem Denken nur eine Logik in Kurven und Linien zu. Wie die Kaninchen auf die Schlange starren wir auf eine Zukunft, wie wir sie *sehen wollen* und nicht wie sie *sein kann*.

## Es geht uns immer besser

Dabei geht es der Menschheit besser als je zuvor. Lebenserwartung, Bildung und Gesundheit – die Indikatoren des menschlichen Fortschritts haben sich global enorm verbessert. Noch nie in der Geschichte haben die Menschen mehr Zeit, mehr Bildung, eine bessere Gesundheit und höhere Einkommen gehabt. Weltweit hat sich der Anteil der in extremer Armut lebenden Menschen in den letzten 20 Jahren mehr als halbiert. Fast 90 Prozent der Menschen haben Zugang zu Bildung und können lesen und schreiben. Die Mehrheit lebt heute in einer freien Demokratie mit geschützten Rechten. Selbst Terrorismus, Naturkatastrophen und Kriminalität gehen zurück. Der globale Wohlstand und damit die Chancen für immer mehr Menschen wachsen. In Afrika ist die Lebenserwartung seit 1950 von 37 Jahren auf heute 65 Jahre bei den Frauen gestiegen. Bis 2050 wird sie sich der europäischen Lebenserwartung angeglichen haben. Für die zweite Hälfte des Jahrhunderts wird der Höhepunkt des Bevölkerungswachstums erwartet. Danach wächst die Weltbevölkerung nicht mehr, sondern sie sinkt. »Überbevölkerung« ist ein aussterbender Begriff, der uns keine Angst mehr machen muss. Der Grund für diese Entwicklung ist, dass immer mehr Frauen Zugang zu Bildung haben und ihren Lebensunterhalt eigenständig bestreiten können.

Auch uns Deutschen geht es immer besser. Die Lebenserwartung ist in den letzten 70 Jahren bei Frauen um 15 Jahre und bei Männern um 14 Jahre gestiegen. Viele Krankheiten sind ausgerottet oder heilbar. Die Pocken gelten als vollständig ausgerottet und selbst HIV oder Krebs sind heute besser behandelbar als je zuvor. Immer mehr Menschen gehen einer sozialversicherungspflichtigen Arbeit nach. Der Wohnraum pro Kopf hat sich in den letzten 60 Jahren verdoppelt (von 22 auf 46 Quadratmeter). Sogar der Wald wächst. Seit Jahrhunderten steht nicht so viel Holz in deutschen Wäldern wie heute. Deutschland ist heute sogar das holzreichste Land in Europa.

## Wahrnehmung, Wunsch und Wirklichkeit liegen weit auseinander

Die Kluft zwischen Wahrnehmung und Wirklichkeit ist enorm. Beispiele hierfür gibt es viele. *Klimawandel:* Die große Mehrheit sieht künftige Generationen und Menschen in Entwicklungsländern bedroht. Nur wenige glauben aber, persönlich von den steigenden Temperaturen betroffen zu sein. *Integration:* Trotz Populismus, Ausländerfeindlichkeit und der verbreiteten Meinung, die Situation habe sich dramatisch verschlechtert, ist die Integration heute so gut wie noch nie. Migranten verfügen über bessere Sprachkenntnisse, die Entwicklung auf dem Arbeitsmarkt ist viel besser als früher. Auch in Medien und Parteien sind Deutsche mit Migrationsgeschichte heute sichtbar vertreten, auch wenn es hier noch deutlich Luft nach oben gibt. Alles in allem gilt aber: Integration gelingt immer besser. *Migration:* Gerade, weil weltweit vieles besser wird, wächst die Zuwanderung nach Europa und Deutschland. Afrika ist längst kein reiner Elendskontinent mehr, sondern ein Kontinent der Zukunft. Immer mehr Menschen dort können sich eine Reise zu uns leisten und wollen in Europa arbeiten. *Urbanisierung:* Obwohl wir glauben, dass es immer mehr Menschen in die großen Städte zieht, würden zwei Drittel der Deutschen lieber auf dem Land oder in einer Klein- und Mittelstadt wohnen. Dort sind die Mieten niedriger, die Luft ist besser und die Bürger sind sozial vernetzter und engagierter. *Alter:* Noch nie gab es eine Generation 60 plus, der es wirtschaftlich und gesundheitlich so gut ging. In der Öffentlichkeit überwiegen hingegen Begriffe wie »Überalterung« oder »Altersarmut«. *Demografie:* Entgegen der Prognose, dass die Deutschen immer weniger werden und sich »abschaffen«, wächst die Bevölkerung. Noch nie war Deutschland mit fast 83 Millionen Einwohnern bevölkerungsreicher als heute, nicht einmal im Kaiserreich oder in der Nazizeit. *Sicherheit:* Die Angst vor zunehmender Gewalt gehört zu den meistgenannten Sorgen der Bürger. Dabei ist die Wahrscheinlichkeit, selbst Opfer einer Gewalttat zu werden so gering wie seit Jahren nicht. Oder *Ostdeutschland:* Den neuen Bundesländern geht es wirtschaftlich immer besser. Die Zahl der Zuzüge aus dem Westen in den Osten Deutschlands war zuletzt stärker als umgekehrt, auch weil viele Menschen wieder in die alte Heimat zurückkehren oder im Osten bessere, weil kleinere Hochschulen vorfinden.

Die Trends und Zahlen zeigen: Wahrnehmung, Wunsch und Wirklichkeit liegen weit auseinander. Obwohl wir immer mehr wissen, entspricht unser eigenes Erleben selten der Realität. Der globale »Ignoranz-Test« der Gapminder-Stiftung hat vor wenigen Jahren nachgewiesen, dass die große Mehrheit der Menschen etliche globale Fortschritte bei der Reduzierung von Armut und Hunger falsch einschätzt. Die Studie *Perils of Perception* (Gefahren der Wahrnehmung) hat im Jahr 2019 einen internationalen »Irrtumsindex« erstellt, der zeigt, dass die Deutschen zu den Weltmeistern der verzerrten Wahrnehmung gehören. So schätzt die Mehrheit der Deutschen den Anteil von Menschen mit Migrationshintergrund mit 30 Prozent mehr als doppelt so hoch ein als er tatsächlich ist. Noch größer ist die Kluft bei der Wahrnehmung von Muslimen. Ihr Anteil wird auf 20 Prozent geschätzt, in Wirklichkeit liegt er bei nur vier Prozent. Auch beim Thema Arbeitslosigkeit liegen die Meisten daneben. Nicht jeder Fünfte (20 Prozent) ist hierzulande arbeitslos, sondern gerade einmal jeder Zwanzigste (fünf Prozent). Damit verschätzen sich die Deutschen deutlich häufiger als die Menschen anderer Nationen und belegen Rang 24 von 37 befragten Ländern. Der aktuelle Armuts- und Reichtumsbericht der Bundesregierung stellt eine verschobene Wahrnehmung von »arm« und »reich« unter den Deutschen fest. Der Anteil der Haushalte mit höherer Bildung, höherem Alter und größerer Arbeitserfahrung ist gewachsen, wovon alle Einkommensschichten profitierten. Obwohl die Armen, die weniger als die Hälfte des durchschnittlichen Einkommens verdienen, nur elf Prozent der Bevölkerung und die sehr gut Verdienenden mit einem Netto-Haushaltseinkommen von mehr als 5.000 Euro nur neun Prozent ausmachen, schätzen die Befragten den Anteil der Armen auf ein Drittel und den der Reichen auf ein Viertel der Bevölkerung. 80 Prozent glauben sogar an eine zunehmende Armut in den nächsten fünf Jahren und über 60 Prozent an eine Zunahme des Reichtums. Der paradoxe Befund: Obwohl die Armut in den letzten Jahren in Deutschland deutlich zurückgegangen und die Einkommen in allen Schichten gewachsen ist, steigt die subjektive Angst vor Arbeitslosigkeit.[1]

Wir leben in der besten aller möglichen Welten und lassen uns dennoch von dem Grundgefühl des Immerschlimmerismus leiten. Das Leiden an diesem Widerspruch ist die zentrale Ursache für das negative Bild, das wir von unserer Zukunft haben. Der Mediziner Hans Rosling spricht von »Megatrugschlüssen«, die dazu beitragen, dass wir die Welt falsch wahrnehmen. Unsere Neigung zum Denken in Gegensätzen führt dazu, dass wir die Dinge versuchen in zwei unterschiedliche Gruppen einzuteilen: »Arm gegen Reich«, »Alt gegen Jung«, »Gut gegen Böse«, »Natur gegen Menschen«. Das binäre Denken hat gravierende Folgen für uns alle, persönlich wie politisch. Die Einbildung von der Verschlechterung wird zur immer größer werdenden Belastung und bringt viele dazu, alle Hoffnung aufzugeben. Die Krankheiten unserer Zeit sind zunehmend mentale: Erschöpfung, Depressionen und Ängste. Doch wo die Gefahr steigt, wächst das Rettende. Die Coronapandemie hat gezeigt, dass wir über uns hinauswachsen können und dass vieles möglich ist, wenn wir es wollen – und weil wir es können.

## Corona: Alles ist möglich!

Corona verändert unser Denken und Handeln, die Art und Weise, wie wir Realität konstruieren, radikal. Und zwar zum Positiven. Das Gefühl von Unsicherheit und Kontrollverlust sind einer neuen Energie und einer gemeinsamen Anstrengung gewichen: »Wir gegen Corona«. Mit menschlicher, sozialer und künstlicher Intelligenz lernen wir das Virus in den Griff zu bekommen und machen die Erfahrung, dass wir mit radikalen Veränderungen und Unsicherheiten umgehen können. Es ist diese Krisenerfahrung, die zu einem Mehr an Selbstsicherheit, Selbstkontrolle und Selbstwirksamkeit und damit auch zu einem Mehr an gesellschaftlicher Resilienz (Widerstandskraft) führt.

Plötzlich gibt es ein altes und ein neues Normal. Eine alte, vermeintlich sichere und eine neue, unsicher anmutende Wirklichkeit. Wie entsteht ein Bild von Zukunft, das von möglichst vielen verstanden und akzeptiert wird? Die Antwort liegt in der Frage, wie wir als Menschen und Gesellschaften auf Krisen reagieren. Wir werden diese Frage nur beantworten können, wenn wir unsere innere und unsere äußere Zukunft in Beziehung zueinander setzen: Denn Zukunft ist einerseits unsere Vorstellung, unsere Vision von ihr. Andererseits speist sie sich aus unserer bereits jetzt konkret erlebbaren Realität, aus der Welt um uns herum. Unsere externe Zukunft werden wir also nur verändern, wenn wir uns *selbst* in unserem Inneren verändern. Zusammen bilden das innere und äußere Zukunftsbild das sogenannte »öffentliche Bewusstsein«. Es ist unser Radar für nötige Änderungen und gehört zu den »vier Reitern des Optimisten«, auf die Andrew McAfee in seinem Buch *Mehr aus weniger* setzt. Die drei anderen sind technologischer Fortschritt, Kapitalismus und bürgernahes Regieren. Für die Zukunft nach der Pandemie werden wir alle vier Reiter brauchen im Kampf gegen die Klimakrise und Umweltzerstörung, gegen Hunger, Kriege, Hass und Populismus. Entscheidend für eine bessere Zukunft sind aber unser öffentliches Bewusstsein und unsere gemeinsame Hoffnung. Letztere ist eine geteilte positive Zukunft, Wertschätzung und Anerkennung. Nur über das Zusammenspiel beider kann echter Wandel entstehen: Wenn wir unsere innere Angst und damit die Vergangenheit überwinden, die uns für das Neue blind macht. Es geht um eine neue Beziehung zur und eine Entscheidung für die Zukunft.

Das Schöne an der Zukunft ist, dass wir gemeinsam an ihr noch etwas ändern können. In diesem Buch geht es um »Protopien« – Visionen für die Zukunft, die bereits heute mitten unter uns sind. Wir müssen diese Zukünfte aufspüren, entdecken und zu einem neuen Zukunftsbild entwickeln. Helfen kann uns dabei das Rüstzeug der Zukunftsforschung.

## Zukunftsforschung für das Leben

Der Politikwissenschaftler Ossip K. Flechtheim definiert Zukunftsforschung in seinem Werk *Futurologie* als vernetzte Wissenschaft. Dabei ist sie keine reine, sondern eine universelle Wissenschaft. Zukunftsforschung hat immer auch einen politischen Effekt, weil es ihr um »drei P« geht: The Possible, the Probable and the Preferable – das Mögliche, das Wahrscheinliche und das Wünschenswerte.

Das Werkzeug der Zukunftsforschung sind Megatrends. Sie sind die treibenden Kräfte des Wandels und besitzen drei Eigenschaften: sie dauern mindestens 30 Jahre, wirken global und sind ubiquitär, das heißt sie betreffen alle Lebensbereiche: Wirtschaft, Gesellschaft, Kultur. Jeder Trend führt irgendwann zu einem Gegentrend. So erzeugt die Globalisierung einen Reflex zum Lokalen, zur Heimat. Die Individualisierung führt zu einer neuen Suche nach Gemeinschaft. Erst im Wechselspiel von Trend und Gegentrend entsteht eine neue Dynamik, die als Katharsis (Befreiung) oder als Regression (Rückschritt) enden kann. Zukunftsforscher sind kritische Optimisten. Sie setzen sich positiv mit Krisen auseinander, lieben die Komplexität und leisten so einen konkreten Nutzen für unser Leben. Wo andere Gegensätze sehen (wollen), suchen Zukunftsforscher nach dem Verbindenden und lösen so vermeintliche Widersprüche auf.

Veranschaulichen lässt sich dies am Beispiel des neuen Populismus. Wie viele andere Trends ist auch dieser ein kulturelles und mentales Phänomen und damit ein Reibungspunkt an dem wir als Gesellschaft wachsen können. Populisten sind so gesehen wichtige Störer für eine bessere Zukunft. Ob sie Erfolg haben, entscheidet sich in unseren Köpfen. Der Populismus ist vor allem ein Erregungsphänomen. Das heißt: Es geht gar nicht um »den Populismus« an sich. Es geht um uns. Seine Versprechen setzen an unserem inneren Misstrauen gegenüber dem Fortschritt an. Er will uns den realen Fortschritt als Fake News verkaufen und uns somit verunsichern. Aber damit entstehen neue Immunreaktionen. Resilienzen. Der Populismus ist ein Phänomen, das kommt und geht. Die eigentliche Herausforderung ist die Komplexität der Politik. Damit moderne Politik, Wirtschaft und Gesellschaft funktionieren können, braucht es Störungen von außen, Herausforderungen, an denen komplexe Gesellschaftsordnungen sich weiterentwickeln können. Der Populismus hält uns den Spiegel vor. Das Schüren von Unsicherheit und Ängsten ist sein Überlebenselixier. Er will uns die Hoffnung nehmen, dass etwas besser werden kann. Dabei wird vieles besser, wenn wir genau hinsehen und uns mit den Störungen unserer Zeit konstruktiv auseinandersetzen.

*7 Megakrisen*

## Eine bessere Zukunft ist möglich

Flechtheim beschreibt in seinem Buch *Ist die Zukunft noch zu retten?* sieben große Megakrisen, vor denen die Menschheit in diesem Jahrhundert steht: »Rüstungswettlauf und Krieg, Bevölkerungsexplosion und Hunger, Bedrohung und Zerstörung der Umwelt, Wirtschaftskrise und Überplanung, Demokratiedefizite und Repression, Kulturkrise und Krise der Familie, Identitätsverlust des Individuums«. Auch wenn wir diese Krisen inzwischen anders benennen, gelten sie bis heute. Trotzdem mache ich aus dem Fragezeichen in Flechtheims Buch ein Ausrufezeichen und ich wette mit Ihnen, liebe Leser: Die Zukunft ist zu retten, sie wird sogar besser!

Flechtheim verweist am Ende seines Buches auf die Errettung von Goethes Faust aus der Verstrickung im Pakt mit dem Teufel. Wir sind nur durch ein Wunder zu retten, so lautet die Botschaft. Das Wunder liegt in uns allen, in unserer evolutionären, geistigen und moralischen Kraft, unserem selbstorganisierten und verantwortlichen Handeln. Es sind unsere Fehler, die uns befähigen nach dem Guten zu streben. Ohne Fehler gibt es weder Fortschritt noch ein besseres Leben. Am Schluss des zweiten Teils von Faust singen die

Engel: »Wer immer strebend sich bemüht, den können wir erlösen.« Faust aber will weiter nach Freiheit streben: »Nur der verdient sich Freiheit wie das Leben, der täglich sie erobern muss!« Nur jener gehört dem Teufel und hat versagt, der im Augenblick des sinnlichen Genusses geistig zum Stillstand kommt. Wer dagegen immer nach neuen Wegen und Freiheiten strebt, wird erlöst. Wir haben unsere Erlösung also selbst in der Hand: Bemühen wir uns, unsere Welt in Zukunft besser zu machen.

## Zukunft ist Kopfsache!

Unser Zukunftsvertrauen und Sicherheitsgefühl bedingen sich. Der soziale Kitt für Vertrauen ist Empathie. Für den Hirnforscher Achim Peters sind positive Einflussfaktoren von Empathie Autonomie, Information und soziale Gleichheit. In Gesellschaften mit einer größeren sozialen Gleichheit ist das Misstrauen untereinander geringer. Eine Gesellschaft, in der jeder Einzelne seine Unsicherheit durch eigenes, autonomes Handeln verringern kann, ist eine weniger ängstliche Gesellschaft.

Lassen wir uns von der Lust am Untergang nicht verrückt machen! Hans Rosling setzt in seinem wunderbaren Buch *Factfulness* auf einen mutigen Possibilismus: Wir können die Welt so sehr verändern, wie wir frei sind, wenn wir den Umgang mit scheinbar paradoxen Trends lernen. Meine Wette: Bis zum Jahr 2050 werden wir den Hunger besiegt, die Armut weitgehend reduziert und den Klimawandel beherrschbar gemacht haben. Die Welt wird sicherer, freier und demokratischer.

Wie das möglich ist, möchte ich anhand von fünf Thesen erläutern. Erstens: Die Weltbevölkerung wird älter und dennoch fühlen wir uns immer jünger (Kapitel 1). Wir werden älter und bleiben dabei kreativ und innovativ. Ursachen sind nicht nur der medizinische Fortschritt und die gestiegene Lebenserwartung, sondern vor allem ein Wertewandel, der das Thema Lebensqualität in den Mittelpunkt rückt. Zweitens wird die Welt friedlicher, auch wenn unser Gefühl von Unsicherheit und Kontrollverlust zunimmt (Kapitel 2). Das liegt daran, dass die Welt immer mehr zum Dorf wird. Aus fernen Ländern werden Nachbarn, die zugleich fremde bleiben, die wir nicht kennen und die uns Angst machen. Drittens: Damit wachsen globaler Wohlstand und Migration (Kapitel 3). Aus einer umweltzerstörenden wird eine ressourcenschonende Kreislaufwirtschaft, aus Flüchtlingen werden Touristen und Fachkräfte. Viertens: Es wird uns gelingen, die Wirtschaft klimaneutral zu machen und Ökonomie und Ökologie zu versöhnen (Kapitel 4). Nachhaltiges Wachstum wird zum Gewinn für alle auf der Welt. Und fünftens wird die Zahl der Demokratien trotz Populismus und Protektionismus steigen (Kapitel 5), weil liberale Systeme widerstandsfähiger und innovativer sind als autoritäre Systeme und Diktaturen.

Demokratie und Marktwirtschaft, Freiheit und Frieden, Solidarität und Individualität sind keine Antithesen, sondern bedingen sich. Wir werden all das, was uns lieb und teuer ist, bewahren und retten können, weil wir uns und die Welt neu erfinden werden.

Was die Zukunft von der Vergangenheit unterscheidet? Wir können gemeinsam an ihr noch etwas ändern! Was unterscheidet den Menschen von Tieren, Maschinen und Robotern? Nur wir Menschen sind Zukunftswesen und können langfristig denken. Nur wir haben ein Bewusstsein von Vergangenheit, Gegenwart und Zukunft. Und nur wir Menschen (und nicht die Maschinen) können unser Handeln für eine bessere Zukunft einsetzen. Zukunft braucht mutige Bürger und Helden: Menschen, die Populisten und Verschwörungstheoretikern den Wind aus den Segeln nehmen, im

Netz, auf den Straßen, in den Schulen, in den Parlamenten. Die Zukunft braucht Sie, liebe Leser! Mit der Zukunft ist es wie mit der Gesundheit: Wir wissen sie erst zu schätzen, wenn wir sie verloren haben. Machen wir uns gemeinsam auf die Suche. Zukunft ist Kopfsache. Wir haben die Wahl und müssen uns entscheiden. Oder wie der berühmte Reiseschriftsteller Joseph Conrad bereits vor mehr als 100 Jahren schrieb: »Die weitesten Reisen unternimmt man mit dem Kopf.« Herzlich willkommen an Bord!

# Wir bleiben so jung wie wir wollen!

Wir schaffen das Alter ab und entscheiden selbst, wie alt wir sein wollen. Statt um Anti- geht es um Pro-Aging: eine Gesellschaft des langen Lebens ist eine der Vitalität und der Lebensfreude.

Wenn du älter wirst, verlierst du
dein Interesse an Sex, deine Freunde
sterben weg und deine Kinder
ignorieren dich. Es gibt natürlich
noch andere Vorteile, aber die
genannten sind wohl die wichtigsten!

*Richard Needham*

# 1
# Wir werden jünger und nicht zu viele

Seit mehr als 200 Jahren sagen Zukunftspessimisten eine Überbevölkerung und Überalterung unseres Planeten voraus. Damit geht die Befürchtung einher, dass die Menschheit der Zukunft weniger innovativ und produktiv sein wird und dem Untergang geweiht ist. Im Jahr 2100 wird ein Viertel der Menschheit 65 Jahre oder älter sein. Vorher jedoch wird der »demografische Peak« erreicht: Die Geburtenrate sinkt weltweit. Die größten Herausforderungen sind nicht »Überbevölkerung« und »Überalterung«, sondern die Überwindung von Einsamkeit und mehr Vitalität für alle.

Nie zuvor haben so viele Menschen ein so hohes Alter erreicht. Die durchschnittliche Lebenserwartung hat sich innerhalb von 150 Jahren allein in Deutschland verdoppelt.[2] Die Chance 65 oder älter zu werden, hat sich sogar verdreifacht und die globale Lebenserwartung lag 2020 bei 71,5 Jahren. Die Zahl der Geburten wird indes ab dem Jahr 2045 weltweit sinken, wobei der Höhepunkt des globalen Bevölkerungswachstums nach einer Projektion von US-Wissenschaftlern der School of Medicine der University of Washington spätestens 2064 erreicht sein wird.[3] Nach dieser Projektion wird die Bevölkerung von dann 9,7 auf 8,8 Milliarden Menschen bis zum Jahr 2100 zurückgehen. Besonders drastisch fällt der Rückgang in China, Südkorea, Japan und Thailand aus, wo sich die Bevölkerung halbiert. Ähnliches gilt für Spanien und Italien. Der derzeitige Anstieg der globalen Bevölkerung liegt weniger an hohen Geburtenraten, sondern an der deutlich steigenden Lebenserwartung und der gesunkenen Kindersterblichkeit. Bekam eine Frau im Jahr 1963 noch im Schnitt fünf Kinder, sind es heute nur noch die Hälfte (2,5 Kinder).[4] Überall auf der Welt geht der Trend zur Zweikind-Familie.

Nicht »zu viele Kinder«, sondern »zu viele Ältere« werden ab Mitte dieses Jahrhunderts zur neuen Herausforderung. Der *Club of Rome*, der in den 1970er Jahren mit den *Grenzen des Wachstums* die globale Knappheitsdebatte in Gang gebracht hat und seine ökologischen Prognosen später berichtigen musste, tappt in die nächste Alarmismus-Falle. Zwei seiner prominentesten Vertreter, der norwegische Zukunftsforscher Jørgen Randers und der britische Ökonom Graeme Maxton, forderten 2016 sogar einen Verzicht auf Kinder: Wer bis zum 50. Geburtstag höchstens ein Kind großzieht, solle eine Prämie von 80.000 US-Dollar bekommen. Nicht »Überbevölkerung«, sondern unser Umgang mit einer weltweit stark älter werdenden Bevölkerung ist das demografische Thema der Zukunft. 2100 werden rund 2,5 Milliarden Menschen im Alter von über 65 Jahren rund 1,7 Milliarden Menschen unter 20 Jahren gegenüberstehen. Die Zahl der über 80-Jährigen wird sich im Jahr 2100 im Vergleich zu heute versechsfachen: von 141 Millionen auf dann 866 Millionen. US-Wissenschaftler veröffentlichten diese Projektion im Sommer 2020 in der renommierten Fachzeitschrift *The Lancet*. Deren Chefredakteur Richard Horton bezeichnet die Entwicklung als »Revolution in der Geschichte der Menschheit« und sagt voraus: »Afrika und die arabische Welt werden unsere Zukunft gestalten, während Europa und Asien an Einfluss verlieren werden.« Horton schließt seine Prognose mit den Worten: »Dies wird eine neue Welt sein, auf die wir uns vorbereiten sollen.«[5]

Hemmt eine zunehmend älter werdende Bevölkerung das wirtschaftliche Wachstum, wie viele Ökonomen annehmen? Oder setzt es nicht vielmehr neue Kräfte und Ressourcen frei? Hier könnte Deutschland zum Labor werden, wo der Höhepunkt der Alterung bereits ab dem Jahr 2040 einsetzen wird, wenn die geburtenstarken Jahrgänge im Rentenalter sind.

## Die demografische Revolution

Zu den größten Zukunftsirrtümern gehört die Prognose, dass die Weltbevölkerung bis auf 15 Milliarden Menschen in diesem Jahrhundert anwachsen werde. Zu den bekanntesten Zukunftspessimisten im Hinblick auf Bevölkerungsprognosen gehörte der britische Ökonom und Inhaber des ersten Lehrstuhls für politische Ökonomie in England Thomas Robert Malthus. Seine dystopischen Prognosen aus den letzten Jahren des 18. Jahrhunderts[6] haben sich als falsch erwiesen. Seine Grundannahme lautete: Eine zu stark wachsende Bevölkerung wird durch Ressourcenknappheit dezimiert. Zu Malthus Zeit lebten etwa eine Milliarde Menschen auf der Erde und die Bevölkerung wuchs damals aufgrund einer niedrigen Lebenserwartung nur langsam. Die weltweite Lebenserwartung betrug 1800 im Durchschnitt etwa 28,5 Jahre und erreichte in keiner Region der Welt mehr als 35 Jahre.[7] Die Menschen wurden damals weder alt noch reich. Das Pro-Kopf-Einkommen stieg bis dahin innerhalb von 800 Jahren nur um 50 Prozent.[8] Was Malthus und viele heutige Zukunftspessimisten nicht auf der Rechnung hatten und haben sind disruptive Innovationen wie sie die Dampfmaschine von James Watt bedeutete. Mit ihrer Erfindung im Jahr 1776 begann die erste industrielle Revolution. Die Maschine nutzte fossile Brennstoffe und veränderte das Verhältnis zu unserem Planeten nachhaltig.

Und zwar nicht nur, indem etwa neue Maschinen in der Landwirtschaft halfen, Äcker zu pflügen – sie veränderte die gesamte Landwirtschaft fundamental. So zum Beispiel bei den Möglichkeiten zur Düngung, was wiederum zu ertragreicheren Ernten führte. Dampfkraft spielte ebenso eine zentrale Rolle, wenn es darum ging, Rohstoffe wie Mineralien in Düngemittel umzuwandeln. Ohne Dampfmaschinen und -schiffe konnten die Rohstoffe nicht transportiert werden. Die Dampfmaschine, ihre Einsatzmöglichkeiten und die daraus resultierenden neuen Dünger formten die moderne Landwirtschaft und trugen somit dazu bei, dass mehr Nahrung produziert und mehr Menschen ernährt werden konnten. Geirrt hatten sich nicht nur Malthus und seine Anhänger, sondern auch zwei deutsche Philosophen: Friedrich Engels und Karl Marx. Entgegen der Annahme der beiden Vordenker des Kommunismus stiegen die Reallöhne wie nie zuvor in der Menschheitsgeschichte. Die von Engels und Marx prognostizierte Verelendung der Fabrikarbeiter fand nicht statt. Das durchschnittliche Monatseinkommen eines deutschen Arbeiterhaushalts verbesserte sich zwischen 1800 und 1890 um mehr als 50 Prozent, auch das Sparvolumen verdoppelte sich.[9] Seit der Epoche der Jäger und Sammler hat sich die gesellschaftliche Entwicklung des Westens nach Berechnungen des Historikers Ian Morris bis zum Jahr 1776 gerade einmal von null auf 45 Punkte gesteigert. In Morris' Punktesystem fließen Messgrößen wie Energieausbeute, Urbanisierung und Kriegsführung ein. Danach stieg es innerhalb von 100 Jahren jedoch um weitere 100 Punkte nach oben. »Die Verwandlung«, schrieb Morris, »war schier unglaublich: sie stellte die Welt auf den Kopf.«[10] Der soziale Entwicklungsindex stieg bis zum Jahr 2000 im Westen um weitere 736 Punkte, im Osten sogar um über 2.300 Punkte.[11] Ursache für den enormen Wohlstandsgewinn waren vor allem drei weitere disruptive Technologien: der Verbrennungsmotor, elektrischer Strom und Wasser- und Abwasserleitungen in Wohngebäuden. Insbesondere die dritte Technologie von flächendeckend verfügbarem sauberem Leitungswasser verbesserte die Lebenserwartung erheblich.[12]

Die technologischen, wissenschaftlichen und sozialen Durchbrüche des Industriezeitalters führten zu einem sich selbst verstärkenden Zyklus von menschlichem Bevölkerungswachstum und steigendem Wohlstand in der Welt. Die durchschnittliche Lebenserwartung verdoppelte sich zwischen 1700 und 1900 von unter 29 Jahren auf 60 Jahre.[13] Überall in der Welt wurden die Menschen wohlhabender und genossen höhere Lebensstandards. Das reale Bruttoinlandsprodukt (BIP) pro Kopf stieg in den westeuropäischen und lateinamerikanischen Ländern um mindestens 500 Prozent, im Nahen Osten und Nordafrika um 400 Prozent und in Ostasien um 250 Prozent.[14]

## | 2045: Der Höhepunkt des Bevölkerungswachstums

Die Frage, wie viele Menschen bis Ende des Jahrhunderts leben werden, hängt nicht von den Entwicklungen der Börsen ab, sondern von den Ereignissen in den Schlafzimmern der Leute, prognostizierte der Datenökonom und Demograf Hans Rosling. Seine einfache Formel lautet: Sobald die Lebensqualität einer Gesellschaft steigt, nimmt die Geburtenrate ab. Laut Rosling wird Afrika der wirtschaftlich am schnellsten wachsende Kontinent sein (vgl. Kapitel 3). Er riet dazu, in Ländern wie Tansania, Äthiopien und Ghana zu investieren, wo gebildete Frauen bereits mehr als 20 Prozent der Bevölkerung ausmachen.

Erstmals in der Geschichte der Menschheit wird das globale Bevölkerungswachstum in diesem Jahrhundert seinen Höhepunkt (Peak) überschreiten. Die Zahl der Geburten geht zurück. Bereits 2045 könnte die Weltbevölkerung ihren Höchststand erreichen, den sogenannten demografischen Peak. Seit 2019 sinkt das jährliche globale Bevölkerungswachstum bereits, hat der deutsche Datenwissenschaftler Max Roser berechnet. Gegenüber seinem Höchstwert von 2,1 Prozent im Jahr 1968 in Europa sinkt die Rate bis 2100 auf dann nur noch 0,1 Prozent.

Die Folgen sind erheblich und bedeuten das Ende der demografischen Überlegenheit des Westens. Die Bevölkerung der EU wird bis 2100 von heute 505 Millionen Einwohnern auf etwa 465 Millionen zurückgehen. Der demografische Wandel hat erhebliche Folgen für die Verschiebung des globalen Wohlstands. Im Jahr 2100 werden nur noch 13 Prozent der Weltbevölkerung in den westlichen Industrieländern leben, davon nur noch vier Prozent in Europa. Der Anteil Afrikas wird sich dagegen von heute 13 auf dann etwa 25 Prozent verdoppeln. Radikal ändern wird sich auch die Altersstruktur. Der Anteil der Menschen im Alter von 65 plus wird von heute 19 auf etwa 31,3 Prozent EU-weit ansteigen.[15] Die drei reichsten Weltregionen – Nordamerika, Europa und Nordostasien – haben zu niedrige Geburtenraten, um den Bestand ihrer Gesellschaften zu sichern. China, mit 1,4 Milliarden Menschen derzeit das bevölkerungsreichste Land der Welt, wird Demografen zufolge bereits 2022 den Höchststand erreichen und danach rasch altern. China wird zum größten Pflegeheim der Welt. Dem Rentensystem droht der Kollaps.

Muss deshalb der weltweite Wohlstand sinken? Nein, im Gegenteil: Eine bis 2045 wachsende und danach stagnierende bzw. sinkende Weltbevölkerung bedeutet für uns alle enorme Chancen. Wenn die innovativen Industrieländer des Westens neue Partnerschaften mit Asien und Afrika eingehen, können auch die Menschen dort länger und gesünder leben. Dank des medizinischen, politischen und sozialen Fortschritts sind auf der ganzen Welt mehr Menschen in der Lage, länger zu arbeiten und von ihrer Arbeit auch leben zu können. Vieles spricht für eine Weltwirtschaft im Jahr 2050, die wir alle für nachhaltig halten und die gleichzeitig die Grundbedürfnisse aller Menschen erfüllt (mehr dazu in Kapitel 3). Wir stehen vor einer neuen Zeit: Zum ersten Mal in der Geschichte der Menschheit wird es mehr Ältere als Jüngere geben. Nehmen wir Abschied vom Jugendwahn! Wirtschaften und arbeiten wir neu! Schaffen wir die »Silver Economy«, das Wirtschafts- und Arbeitsmodell der Zukunft!

## Silver Economy: Das Modell der Zukunft

Das Streben nach ewiger Jugend ist fast allen Kulturen gemein. Bereits die älteste Geschichte der Menschheit, der Gilgameschepos, beschreibt die Suche eines Königs nach der ewigen Jugend. Je älter wir werden, desto länger wollen wir jung sein. Die demografische Revolution macht dies möglich. Der »Altenbericht« der Bundesregierung liest sich wie eine Erfolgsgeschichte: Nie zuvor haben so viele Menschen ein so hohes Alter erreicht. Die Chance 65 oder älter zu werden, hat sich bis heute verdreifacht. Heute Neugeborene können auf ein langes Leben hoffen. In der Wirtschaft ist die Rede von der Silver Economy: immer mehr ältere Menschen tragen durch

Arbeit und Konsum zum wirtschaftlichen Erfolg bei. Alt sind immer die Anderen. Viele der über 60-Jährigen fühlten sich bereits zu Beginn der Coronapandemie nicht angesprochen, als es um Risikogruppen, Abstand halten und Schutzmaßnahmen ging, sie fühlten sich zu jung. Schon heute ist alt nicht gleich alt. In Zukunft wird die Geschichte des demografischen Wandels neu geschrieben. Alt ist in Zukunft nicht gleich alt. Der bereits angesprochene Trend des »Downaging« wird zu einer Abschaffung unseres bisherigen Verständnisses von Alter führen. Wir fühlen uns immer jünger, sind nicht nur körperlich länger gesund, sondern bleiben auch geistig länger vital. Auch wer moderne Medien und Technologien nutzt, fühlt sich oft jünger. Wissenschaftler haben herausgefunden, dass die Nutzung von Smartphones Senioren um acht Jahre jünger machen: 60-Jährige fühlen sich heute körperlich und geistig so fit wie 52-Jährige vor zehn Jahren.[16] Die Gruppe der »Forever Youngster«, einer neuen Spezies von jungen Alten, ist auf dem Vormarsch. Zu dieser gehören mehr als drei Millionen 60- bis 79-Jährige. Zwei Drittel davon sind Frauen, 80 Prozent haben Kinder und immer mehr sind berufstätig.[17]

## Schaffen wir das Alter ab!

Noch nie in der Geschichte der Menschheit hatten wir so viel Wissen über Wege und Methoden, uns selbst zu verjüngen. Wissenschaftler erforschen Verfahren, die uns fit machen für ein längeres und gesünderes Leben – der Trend geht dahin, dass wir in Zukunft selbst entscheiden werden, wie alt wir sein wollen. Die Abkehr vom Alter bedeutet auch Befreiung und mehr Selbstbestimmung. Entwickeln wir also eine neue Vorstellung vom Älterwerden! Das Leben im Alter ist nicht länger auf Multimorbidität, Gebrechlichkeit, Einsamkeit und Abhängigkeit beschränkt, sondern schließt

Aktivität, Vitalität und Lebensqualität ein. Die Protopie heißt: alterslose Gesellschaft. Klassische Einrichtungen wie Alters- und Pflegeheime sind in Zukunft nicht mehr zeitgemäß – weil sie dem Lebensgefühl der künftigen Alten widersprechen.

»Nicht mehr die Jugend ist der Motor des Fortschritts, sondern die Reife«, schreiben Rainer Böhme, Petra und Werner Bruns in ihrem Buch *Die Altersrevolution*.[18] Auch der 5. Altenbericht der Bundesregierung setzt auf das Potenzial der Älteren: »Weil der Anteil der Menschen im höheren Lebensalter steigt, der Anteil jüngerer Menschen hingegen rückläufig ist, werden es die Älteren sein, die die gesellschaftlichen und wirtschaftlichen Zukunftsaufgaben maßgeblich mitschultern müssen.«[19] Diese Entwicklung ist etwas völlig Neues, das hat es in der Menschheitsgeschichte so noch nicht gegeben. Dabei ist der demografische Wandel die Folge von zunächst höchst positiven Veränderungen: steigendem Wohlstand, medizinischem Fortschritt, höherer Bildung und der gleichberechtigten Stellung von Frauen in der Gesellschaft. Individuell gesehen ist das Phänomen der Alterung eine absolut begrüßenswerte Errungenschaft: Menschen leben im Durchschnitt länger – und vor allem verlängert sich die Lebensspanne, die sie in Gesundheit verbringen. Doch weil die Versorgung und soziale Absicherung im Alter heute noch weniger als früher durch die Familie übernommen wird, sind in zunehmendem Maße gesellschaftliche Systeme gefordert. Aus diesem Grund kreist die öffentliche Debatte zu stark um erhöhte Soziallasten, fehlende Pflegekapazitäten, steigende Zahlen von Demenzerkrankungen und dergleichen. Die Rede ist von »Überalterung«. Dabei sind die Alten nicht das Problem, sondern die Lösung! Der frühere Ministerpräsident von Baden-Württemberg, Lothar Späth, und der ehemalige McKinsey-Chef von Deutschland, Herbert Henzler, haben dazu bereits vor zehn Jahren ein lesenswertes Buch geschrieben *Der Generatio-*

*nen-Pakt.* Nicht die Tatsache, dass wir älter werden, ist die Herausforderung (das ist eher ein Naturgesetz), sondern unser Umgang mit dieser Entwicklung. Die »demografische Katastrophe«, das Narrativ der überalterten Gesellschaft, einem Zusammenbruch des Rentensystems und verbreiteter Altersarmut, kommt einer Kapitulation vor dem Wandel gleich. Hinter der Rede von der »Überalterung« steckt ein überholtes, wenig zeitgemäßes Bild des Alterns. Dabei erweitern sich die Möglichkeiten beinahe täglich.

Wie wir älter werden, haben wir selbst mit in der Hand. Altwerden fängt mit der Jugend an. Unsere Biografiekompetenz entscheidet darüber, ob und wie wir erfolgreich altern. Gemeint ist die Fähigkeit, mit Risiken aktiv umzugehen und sich im Laufe des Lebens bewusst zu verändern und anzupassen. Ironischerweise sind es die nun in die Jahre kommenden Babyboomer, die sich an der Jugend und ihren Attributen orientieren, um dem Alter zu entfliehen. Es waren die Babyboomer, die das Alter erst problematisiert und ihm mit Marketingbegriffen wie »Anti-Aging« den Kampf angesagt haben. Doch die eigentliche Kraft der zweiten Lebenshälfte kommt nicht daher, dass man sich mit 60 noch ein Skateboard kauft. Es ist die Überwindung der Illusion der ewigen Jugend, die zur Freiheit in Bezug auf sich selbst und zur Welt führt.

## Pro-Aging:
## Wir werden immer jünger!

Der Imperativ der Zukunft ist nicht »Anti-«, sondern »Pro-Aging«.[20] Vor uns liegt eine Gesellschaft, die in ihrer Mehrheit aus über 50-Jährigen besteht, von denen immer mehr 100 Jahre und älter werden. Vor allem in Deutschland werden die steigende Lebenserwartung und die eher niedrigen Geburtenraten die Altersstruktur deutlich verschieben. Die Jüngeren werden weniger, die Älteren mehr. Nach Berechnungen des Statistischen Bundesamts wächst der Anteil der Generation 65 plus von heute 21 Prozent auf 28 Prozent im Jahr 2030 und auf 33 Prozent im Jahr 2060.[21] Schon heute nimmt Deutschland mit einem Durchschnittsalter von mehr als 47 Jahren einen Spitzenplatz in der Liste der ältesten Länder der Welt ein, übertroffen nur noch von Japan. Eine derartige Zusammensetzung der Gesellschaft ist ein Novum in der Geschichte.

Wer heute geboren wird, hat im Schnitt 80 Jahre vor sich. Tendenz steigend. Seit den 1870er Jahren hat sich die Lebenserwartung der Deutschen mehr als verdoppelt.[22] Zwei Drittel der 55- bis 69-Jährigen bezeichnet sich in Deutschland als gesund. Bei der Altersgruppe zwischen 70 und 85 sagt das immerhin noch die Hälfte von sich.[23] Auch die Zahl der Lebensjahre, in denen wir krank oder gebrechlich als Pflegefälle betreut werden müssen, sinkt. Unsere Lebenserwartung steigt nicht, weil sich der unvermeidbare Prozess des Älterwerdens verlangsamt oder verlängert, sondern weil er immer später einsetzt. In diesem »Downaging« liegt das eigentliche Potenzial – die Überalterung der Gesellschaft ist in Wahrheit ihre Verjüngung.

Menschen über 60 sind heute fitter, gelassener und welterfahrener als je zuvor. Immer mehr von ihnen laufen Marathon, unternehmen eine Weltreise oder gründen gar ein neues Unternehmen. Sie ernähren sich gesünder und treiben vielfach Sport – nicht selten häufiger als viele Jüngere. Sie bestellen ihre Medikamente im Internet und sind im realen Leben wie in der digitalen Welt bestens vernetzt. Laut Eurostat nutzt in der EU fast die Hälfte aller 65- bis 74-Jährigen das Internet, in den USA sind nach Erhebungen des Pew Research Center 64 Prozent der über 65-Jährigen regelmäßig online.[24] Das Netz hilft nicht nur, mit Mitmenschen in Kontakt zu bleiben, es hilft auch, aktiv am Alltagsleben teilzuhaben, Reise- und Lebenspartner zu finden, sich über Gesundheitsfragen zu informieren und vieles mehr.

Die alternde Gesellschaft verjüngt sich – was dagegen in die Jahre kommt und zunehmend überholt ist, ist unser Begriff vom Alter. Das Altersbild, wonach wir ab einem gewissen Alter nicht mehr aktiv und unternehmenslustig sind, ist unzeitgemäß. Der als Katastrophe diskutierte demografische Wandel ist in Wahrheit der Schlüssel zu einer innovativen und lebenswerten Gesellschaft, wenn wir das Altern als evolutionären Prozess der Selbstgestaltung angehen und Altern somit zur Kopfsache machen. Forscher haben herausgefunden, dass Menschen, die über eine positive Selbstwahrnehmung über das eigene Altern verfügen, im Schnitt 7,5 Jahre länger leben als jene ohne positives Mindset.[25] Die Studie der Yale University belegt den Zusammenhang zwischen positiver Einstellung zum Altern und einer deutlich höheren Lebenserwartung. Wer gerne altert, der lebt auch länger und gesünder. Eine andere Studie untersuchte die Folgen einer negativen Denkweise über das Altern im Hinblick auf die eigene Gesundheit. Menschen mit einem negativen Mindset hatten später ein doppelt so hohes Risiko, eine Herz-Kreislauf-Erkrankung zu bekommen.[26] Altern ist heute nicht mehr linear, sondern dynamisch und individuell.

## Die mentale Gesundheit steigt mit dem Alter

Die Entwicklung hin zu mehr Fitness im Alter, betrifft auch die mentale Gesundheit. Schon 2007 haben die beiden Ökonomie-Professoren David G. Blanchflower und Andrew J. Oswald den Zusammenhang zwischen Lebenszufriedenheit und Alter in 72 Ländern untersucht. Sie fanden heraus, dass sich das Verhältnis mit einem großen U abbilden lässt, dessen Tiefpunkt im globalen Schnitt bei 46 Jahren liegt – das ist häufig die Zeit, in der die eigenen Kinder pubertieren, die Ehen kriseln, die Midlife-Crisis sich ankündigt. Danach geht die Stimmungskurve wieder bergauf.[27] Das heißt: je älter wir werden, desto stärker wird die mentale Gesundheit einer Gesellschaft. Eine älter werdende Gesellschaft hat das Potenzial, eine gelassenere und weisere zu sein. Gelassenheit ist die Fähigkeit, besser mit Emotionen umgehen zu können, und emotionale Stabilität ist im Alter stärker ausgeprägt als bei Jüngeren.[28]

Die Grenzen dessen, was im Alter noch machbar ist, verschieben sich. 65-Jährige sind heute mit dem Mountainbike unterwegs oder auf dem Wakeboard anzutreffen, und wenn sie auf Online-Dating-Portalen nach neuen Partnern suchen, verwundert das kaum noch jemanden. Im Vergleich zu früheren Generationen verfügen sie über eine völlig gewandelte Selbstwahrnehmung: Befragungen haben ergeben, dass sich viele über 50-Jährige heute im Schnitt acht bis zehn Jahre jünger fühlen als sie tatsächlich sind. Annähernd zwei Drittel der 65- bis 85-Jährigen geben als gefühltes Alter weniger Jahre an, als in ihrem Ausweis stehen. Im Durchschnitt liegt das gefühlte Alter der 65- bis 85-Jährigen um rund zehn Jahre unter dem biologischen Alter, so das Ergebnis der Generali Altersstudie 2013.[29] Die Definition des Alters wandelt sich grundlegend. Die Alten von heute nehmen sich neue Freiheiten und genießen das Leben, das ist die treibende Kraft der silbernen Revolution.[30] In diesem Kontext verliert das Alter auch als Unterscheidungskriterium zunehmend an Relevanz. Beim Konsum beispielsweise ist das Alter kaum noch ein Differenzierungsmerkmal, über das sich Menschen hinsichtlich bestimmter Vorlieben beschreiben lassen. Statt um den Faktor Alter geht es zunehmend um Lebensstile und Einstellungen, die Junge »alt« aussehen lassen und Alte »jung«.

### | »Free Ager« sind die neue Avantgarde

Aus den Werten der Individualisierung – Selbstbestimmung, Unabhängigkeit und Wahlfreiheit – entstehen neue, zukunftsweisende Lebensstile. Die zweite Lebenshälfte kann zu einer Phase des Aufbruchs werden, wenn wir uns auf diese Phase besser vorbereiten, privat, beruflich und politisch. Statt ein passives, unproduktives Rentnerdasein am Rande der Gesellschaft zu fristen, entwickeln die neuen Alten ihre Lebensentwürfe in einer Weise, zu der die Vorgängergenerationen ökonomisch, gesundheitlich und mental nicht in der Lage waren: Sie sind im wahrsten Sinne des Wortes »Free Ager«.[31] Im Unterschied zu den *Forever Youngstern* haben sie den Kampf gegen das Alter überwunden, sie wollen nicht um jeden Preis jung bleiben. Alter ist für sie schlicht keine relevante Größe. Ein Indikator für diesen neuen Trend sind die Stichwörter, welche die neuen Alten bei der Suche im Netz eingeben. »Senioren lustig« stieg beispielsweise in Deutschland im Jahr 2019 um fast 600 Prozent, »glückliche Senioren« sogar um 4.700 Prozent.[32] Dies verdeutlicht, dass es nicht nur um körperlich fitte Senioren geht, sondern auch die emotionale Stabilität an Bedeutung gewinnt, das Gleichgewicht von Spaß, Freundschaften und familiären Netzwerken.

Free Ager hören auf ihr Inneres, sind achtsam gegenüber ihren Bedürfnissen und unterwerfen sich nicht mehr den traditionellen sozialen Erwartungen des Ruhestands, die letzten Jahre möglichst still und sparsam zu verbringen. Sie leben ihren eigenen Rhythmus, nehmen sich mehr Zeit für Beziehungen und mehr Raum für sich selbst. Damit werden sie zu Protagonisten und Vorbildern einer Lebensweise, von der viele Jüngere in der Rushhour ihres Lebens träumen. Die Gruppe der Free Ager brauchen wir auch im Kampf gegen Hass, Populismus und Zukunftsängste. Für diese steht die radikale Minderheit der »Silver Zombies«. Sie kommen vom Mantra des »Früher war alles besser« nicht los, lehnen gesellschaftlichen

Wandel ab und suchen ihr Heil im Land des »Retrotopia«[33]. Dort blieben sie jedoch stecken und entwickeln keine Vorstellung von Zukunft. Die Silver Zombies werden zwar älter, aber nicht reifer. Repräsentanz finden sie in angestaubten Werten von politischen Vertretern wie Donald Trump. Sein Nachfolger, der Demokrat John Biden, ist mit seinen 78 Jahren zur Amtseinführung sogar älter als Trump, spielt biologisch jedoch dank der gestiegenen Lebenserwartung eher in der Altersklasse von Ronald Reagan, der 1981 im Alter von 69 Jahren zum damals ältesten US-Präsidenten und mit 73 sogar wiedergewählt wurde. Als Reagan vor seiner Wiederwahl in einem TV-Duell mit seinem Herausforderer Walter Mondale gefragt wurde, ob er nicht zu alt sei für das Amt, antwortete dieser, er weigere sich, die Frage des Alters zum Wahlkampfthema zu machen und somit die »Jugend und Unerfahrenheit« des um 20 Jahre jüngeren Gegenkandidaten »für politische Zwecke auszunutzen«. Reagan erzielte einen Erdrutschsieg.[34] In Zukunft werden immer mehr 70- bis 80-Jährige Spitzenfunktionen ausüben. Die Entwicklung ist in weiten Teilen Afrikas, Asiens und Lateinamerikas längst im Gang.

## Ein neuer Generationenvertrag

Ich schlage einen neuen Gesellschaftsvertrag vor. Die Coronapandemie hat uns die zentrale Bedeutung von Gesundheit und den Zusammenhang zwischen Umwelt- und Gesundheitsschutz offenbart. In Zukunft muss es um einen Wandel der Politik zu einer Politik der Lebensbedingungen gehen. Politik muss präventiver und nachhaltiger werden. Der Staat muss zum Vorsorgestaat werden. Ein resilienter Vorsorgestaat kommt mit Katastrophen besser zurecht. Im Kampf gegen die Pandemie haben wir die Erfahrung gemacht, dass das Verhältnis zwischen den Generationen besser ist als gedacht. Die Jüngeren erbrachten enorme Opfer, um die Älteren zu schützen. Die Älteren wiederum haben großes Verständnis für den Kampf der Jüngeren gegen Klimazerstörung und Populismus. Die Zeit ist reif für einen neuen Generationenvertrag, der drei Fragen beantworten muss: Warum nicht länger arbeiten, wenn wir immer gesünder und länger leben? Warum Care-Arbeit nicht besser bewerten und bezahlen? Und warum nicht weniger und dafür besser arbeiten?

## Arbeiten hält jung

Der demografische Wandel führt zu einer sinkenden Zahl von Erwerbstätigen, während zugleich die Zahl der Älteren erheblich steigen wird. Die durchschnittliche Lebenserwartung hat sich in Deutschland in den letzten 100 Jahren um rund 20 Jahre erhöht und beträgt heute bei Frauen rund 84, bei Männern 79 Jahre. Frauen leben nach dem Renteneintritt heute noch 22, Männer noch 18 Jahre.[35] Wer 1960 in Rente ging, konnte seine Rente im Schnitt zehn Jahre genießen. Heute, fünfzig Jahre später, hat sich die Rentenbezugsdauer fast verdoppelt. Verringert hat sich jedoch die Lebensarbeitszeit. Betrug die Lebenszeit nach Angaben des Statistischen Bundesamtes vor gut einem Jahrhundert 440.000 Stunden und die Arbeitszeit 150.000 Stunden, sind es heute bei 690.000 Stunden Lebenszeit nur noch 45.000 Stunden Arbeitszeit. Doch was fangen wir mit den gewonnenen Lebensjahren an? Bislang profitieren allein die Älteren vom längeren Leben. Die Phase ab 60 wird immer länger und die Zeit davor immer dichter und stressiger. 2035 wird Deutschland die älteste Bevölkerung der Welt haben. Es wird dann doppelt so viele über 60-Jährige wie unter 20-Jährige geben. Die

Mehrheit der Alten lebt heute nicht in Armut, weil sie nicht allein lebt. Im Schnitt verfügen deutsche Rentner nach Berechnungen des Statistischen Bundesamtes über ein Haushaltsnettoeinkommen von monatlich mehr als 2.900 Euro.[36] Der heutigen Rentnergeneration geht es materiell so gut wie keiner vor ihr.

Die gestiegene Lebenserwartung, bessere Arbeitsbedingungen und der gestiegene Wert von Erwerbsarbeit machen längeres Arbeiten möglich. Und entgegen der weit verbreiteten Annahme macht Arbeit nicht krank, sondern gesund, wie ein Team um den Arbeitsmediziner Hans Martin Hasselhorn in der Studie »Leben in der Arbeit« zeigt.[37] Inzwischen gibt es eine Reihe weiterer Studien, die belegen, dass es gesünder ist, im Alter (reduziert) weiterzuarbeiten, statt in Rente zu gehen.[38] Menschen, die im Alter erwerbstätig sind, leiden weniger an schweren Krankheiten und leben oft länger als gleichaltrige Menschen im Ruhestand. Ein zu früher Renteneintritt schadet hingegen der Gesundheit. Schon heute gehen mehr Ältere einer bezahlten oder unbezahlten Tätigkeit nach. Viele wollen länger arbeiten, weil sie den sozialen Wert ihres Einsatzes schätzen – insgesamt werden Faktoren wie soziale Kontakte, Teilhabe an gemeinsamen Zielen, Status und Identität von Arbeit höher bewertet. Mehr als jeder Zweite über 60 hat einen Job. Diese Quote hat sich in den letzten 20 Jahren mehr als verdoppelt.[39] Sinnstiftende Arbeit hält auch länger gesund.[40] Auch im Alter. Eine Studie unter nach eigener Aussage gesunden Menschen aus den USA zeigt: »Wer erst mit 66 statt mit 65 Jahren in Rente ging, hatte der Untersuchung zufolge ein um elf Prozent geringeres Sterberisiko.«[41]

Der gesundheitsfördernde Aspekt von Arbeit wird in Politik und Wirtschaft aus Angst vor den Reaktionen kaum thematisiert. Dabei würde fast jeder dritte (28 Prozent) und mehr als jeder vierte Rentner sogar umsonst weiterarbeiten, wenn man ihn ließe, so die *Ver-*

*mächtnis-Studie* der ZEIT und dem Wissenschaftszentrum Berlin. Immer mehr Ältere sind bereit, sich sozial zu engagieren und ihre Zeit für Andere zu spenden. Die so gewonnenen Jahre durch längeres Arbeiten kämen ebenso dem Erhalt eines Rentensystems für Erwerbsunfähige zugute. Lasst uns so lange arbeiten und tätig sein, wie wir wollen und nicht wie wir müssen! Wählen wir statt der Rente den Unruhestand!

## Die reife Gesellschaft

Heute wird Alterung mit Siechtum, Verfall und Kontrollverlust gleichgesetzt. In Wirklichkeit ist der demografische Wandel ein Prozess der Verjüngung. Befragt man die Generationen ab 1945 nach ihrem »wirklichen Alter«, lautet die Antwort: »77«. 75-Jährige fühlen sich heute zehn Jahre jünger. Nach dem HALE-Index (*Health Adjusted Life*) werden in den Industrieländern von fünf gewonnenen Jahren im Alter drei Jahre in Gesundheit erlebt. So verbringen 93 Prozent der Männer in Deutschland ihr Leben in Gesundheit. Bei den Frauen sind es aufgrund der höheren Lebenserwartung »nur« 91 Prozent. Sie alle mit dem Erreichen einer fixen Altersgrenze auszumustern, ist ökonomisch wie sozial ein Riesenfehler. Altern wird immer individueller. Eine bestimmte Art der Intelligenz, die »kristalline Intelligenz«, wächst erst mit dem Alter. Die kristalline Intelligenz – das Wissen, das wir uns im Laufe des Lebens aneignen – fällt mit der Zeit nicht ab, sondern bleibt bis ins hohe Alter stabil. Bis zu unserem Tod entstehen ständig neue Nervenzellen im Hippocampus, dem Bereich unseres Gehirns, der für das Lernen und die Gedächtnisbildung wichtig ist. Auch das Hirn ist ein Muskel, den wir ständig trainieren können, damit er nicht degeneriert. So gibt es beispielsweise kein Verfallsdatum, eine neue Sprache zu erlernen.

Wir entscheiden, ob und wie »generativ« wir sind. Gemeint ist damit: Welchen Beitrag leisten Sie zur Entwicklung der Gesellschaft? Erst wenn wir diese Frage annehmen und positiv beantworten können, sind wir auf den Worst Case des Lebens vorbereitet: den eigenen Tod. Die wahrhaft Jungen erkennt man an ihrer Gelassenheit und Heiterkeit. Das Geheimnis der ewigen Jugend ist »das Leben lebendig leben«, wie der Wiener Philosoph und Psychiater Michael Lehofer formuliert. Entscheidend ist, wie intensiv und leidenschaftlich wir das Leben gestalten. Die Reife einer Gesellschaft misst sich an ihrer Gelassenheit und Zuversicht im Umgang mit Krisen. Sie ist der wahre Wettbewerbsvorteil, den wir in Zukunft haben. Denken wir neu und positiv über das Altern! Studien zeigen, dass bei älteren Menschen, die mit negativen Begriffen zum Alter konfrontiert wurden, sich die Anzahl innovativer Ideen halbierte. Bei denen, die mit positiven Begriffen konfrontiert wurden, verdoppelte sich die Anzahl innovativer Ideen – das sind 400 Prozent Leistungsunterschied! Genau wie die Zukunft ist auch das Altern reine Kopfsache.

## Vitalität: Die Kunst im Alter jünger zu werden

Wir werden nicht älter, das Alter verschiebt sich lediglich. Es wird Teil der Konstruktion, die wir selbst mitgestalten. Weil das Alter keinen Vorteil verspricht, versuchen viele es möglichst weit und lange vor sich herzuschieben, um möglichst lange jung zu bleiben. Wir müssen lernen, unser Alter zu dekonstruieren und uns dabei selbst neu zu erfinden, empfiehlt der Wiener Philosoph Michael Lehofer. Wer im hohen Alter etwas erreicht, das er oder sie zuvor unbedingt erreichen wollte, erfährt durch den Erfolg eine aktivierende Kraft und Leistungsbereitschaft.

Wir können uns, obwohl wir älter werden, verjüngen. Das erscheint zunächst paradox, aber in einer alternden Gesellschaft bleiben viele Menschen länger jung: Um die 50 sind Frauen und Männer heute körperlich und vor allem geistig viel beweglicher als in den 1950er oder 1960er Jahren. Menschen, die man früher als alt bezeichnet hätte, reisen heute um die Welt, gründen Unternehmen oder verwirklichen lang gehegte Lebensträume. Das heißt aber nicht, dass alle immer jünger und fitter werden. Man kann mit 70 sehr jugendlich sein – oder mit 20 sehr alt. Wir haben es überwiegend selbst in der Hand, wie gesund wir altern. Nur zwischen zehn und 30 Prozent unserer Gesundheit sind genetisch festgelegt, schätzt der Altersforscher Sven Voelpel.[42] Der Rest hängt von unserem Verhalten ab. Experten nennen vor allem fünf Lebensstil-Tipps, auf die es ankommt: gesundes Essen, stabiles Körpergewicht, regelmäßiger Sport, wenig Alkohol und kein Tabak. Einer Studie der Harvard T. H. Chan School of Public Health zufolge bringen diese Tipps einer 50-jährigen Frau bereits heute 14 Jahre mehr Lebenszeit, einem 50-jährigen Mann immerhin zwölf weitere Jahre.[43] Es ist also die positive Einstellung zum Leben, die uns länger leben lässt. Die selbst eingeschätzte Lebenszufriedenheit variiert stark und hängt stärker von den einzelnen Lebensphasen denn vom Lebensalter ab. Mut machen neue Erkenntnisse aus der Zufriedenheits- und Glücksforschung: Es geht um den Glückfaktor »Generativität«. Gemeint ist der uns angeborene Wunsch, unser Wissen und unsere Fähigkeiten an die Nachgeborenen weiterzugeben. Diesen Wunsch haben wir alle. Und das Alter hat einen maßgeblichen Einfluss auf die Generativität sowie auf die Zufriedenheit und das psychische Wohlergehen eines Menschen. Die Zufriedenheit ist bei Jüngeren sehr hoch, nimmt bis zur Mitte der 40er Jahre ab. In der Lebensmitte ist die Anzahl der Scheidungen und Suizide mit am höchsten.[44] Ab etwa 47 steigt die Zufriedenheit wieder an und erreicht dann das Niveau der Jugendzeit, obwohl der Gesundheitszustand schlechter wird.[45] Das Phänomen hat inzwischen den Namen »Zufriedenheitsparadoxon«: trotz objektiv schlechterer Lebensumstände verbessert sich das subjektive Lebensgefühl, weil wir andere Dinge höher wertschätzen. Nach der Jugend beginnt die zweite Glücksphase zwischen Ende 60 und Anfang 70, hat der Gesundheitsökonom Hannes Schwendt errechnet.[46] Am Ende komme es auf das Erbe an, das wir der Nachwelt hinterlassen. Auf unser Vermächtnis. Es ist das letzte Glück, das wir erleben.

Der Begriff »Vitalität« kommt aus dem Lateinischen und heißt »zum Leben gehörig, Leben enthalten und erhaltend«. Die durchschnittliche Vitalität steigt in der zweiten Lebenshälfte, zeigen die zuvor zitierten Studien. Vitalität besteht darin, uns auf die Welt so einzulassen, dass wir sie ändern können. Von innen wie von außen. Gesundheit ist für uns das Mittel der Vitalität. Immer mehr Krankheiten hängen mit dem Lebensstil zusammen wie Rückenleiden durch Bewegungsmangel oder Bluthochdruck aufgrund von Übergewicht. Wir haben es selbst in der Hand, individuell über unser Verhalten und gemeinsam über ein neues Gesundheitssystem diesen Lebensstil zu ändern und damit unser Leben vitaler zu leben. Wir verfügen über das nötige Wissen und die Daten. Eine stärker präventive Gesundheitsversorgung ist möglich, wenn der Patient stärker im Fokus steht. Voraussetzung ist eine Patientendemokratie, eine Gesundheitswelt, die vom Patienten aus denkt und ihn in alle Entscheidungen rund um seine Gesundheit einbezieht.[47] Das Gesundheitssystem der Zukunft ist gleichzeitig patientenorientiert und öffentlich und umfasst auch Bildung, Klima, Mobilität, Städte und Staaten. »Vernetzung und Verantwortung« sind die beiden zentralen Begriffe einer ganzheitlichen Gesundheit, lokal wie global. Mit und nach Corona wird die Welt zur gesundheitlichen Risikogemeinschaft. Die Folgen von Umweltzerstörung und Klimawandel für die menschliche Gesundheit durch Hitzewellen, Dürren, Überschwemmungen und Stürme gefährden immer mehr die Versorgung mit Nahrung, verschlechtern die Qualität von Luft und Wasser und beschleunigen die Übertragung von Krankheiten.[48] Die Welt wird zum globalen Gesundheitsdorf: Gesundheit wird nicht nur ganzheitlich, sondern auch global.

Mehr als die materielle wird uns in Zukunft die soziale und emotionale Armut und Gesundheit beschäftigen. Einsamkeit ist die neue soziale Frage, denn sie spielt in vielen Feldern eine gewichtige Rolle: Demografie, Gesundheit, Integration, Familie, Wohnen und Bauen. Allein mit mehr Geld lassen sich die Probleme jedoch nicht lösen. Ärzte berichten, dass immer mehr und immer jüngere Patienten in ihre Sprechstunden kommen, um sich Trost und Zuspruch zu holen, weil sie sonst niemanden haben.[49] Zentrale Ursache ist folglich ein Mangel an sozialen Kontakten und Beziehungen. Etwas, das in Erwartung einer immer älter werdenden Gesellschaft wichtiger wird denn je. Die 30-jährige Unternehmerin Diana Kinnert spricht in ihrem aktuellem Buch *Die neue Einsamkeit* gar von einem »Zeitalter der Einsamkeit«. Mehr als 14 Millionen Menschen sind in Deutschland betroffen, mehr als 40 Millionen in Europa und weit über 30 Millionen in den USA. Soziale Isolation reduziert die Lebensqualität und Lebenserwartung. Menschen, die unter Einsamkeit leiden, sterben früher und sind öfter dement oder depressiv.

Die Coronapandemie hat die neue »Krankheit« Einsamkeit deutlich verstärkt. Das Gebot, Abstand voneinander zu halten, möglichst zu Hause zu bleiben und soziale Distanz zu wahren, bedeutete für die große Mehrheit der allein lebenden Menschen die totale Isolation. Sie waren gezwungen für Wochen alleine zu sein. Einsamkeit trifft nicht nur die Älteren. In Deutschland gibt es 16 Millionen Single-Haushalte, Tendenz steigend. Die Deutschen leben länger, sind im Alter aber zunehmend auf sich allein gestellt. Die »Einsamkeitsquote« steigt seit Jahren. Das Deutsche Zentrum für Altersfragen hat herausgefunden, dass sich von den 45- bis 84-Jährigen jeder Zehnte einsam fühlt.[50] Viele Menschen erleiden im Alter von 45 bis 55 Jahren eine depressive Phase, die oft unbehandelt bleibt.[51] Eine Studie der Harvard University zeigt allerdings, dass »das Alter rund um 50 enorm entscheidend ist für die Art, wie man sein Leben mit 80 führt«. Der Umgang mit dieser kritischen Phase sei daher maßgebend für die emotionale Entwicklung, so George E. Vaillant, der Leiter der Studie.[52]

Einsamkeit scheint allerdings nicht nur ein Problem der Älteren zu sein. Durch alle Altersgruppen hindurch fühlen sich zwölf Prozent oft oder ständig einsam. Besonders häufig betroffen sind die Mittdreißiger.[53] Hier herrscht dringender Handlungsbedarf, denn Einsamkeit bedeutet nicht nur einen Verlust an Lebensqualität, sondern führt auch zu einem erhöhten Risiko für Stress, Herz-Kreislauf-Erkrankungen, Depressionen und Demenz. Einsamkeit ist also nicht Folge, sondern oft Ursache von Krankheit. Einer internationalen Studie zufolge ist sie so schädlich wie der tägliche Konsum von 15 Zigaretten.[54] Großbritannien sieht Einsamkeit dementsprechend auf dem Weg zur »gefährlichsten Erkrankung« in allen Industriestaaten und hat aus diesem Grund 2018 mit Tracey Crouch die erste »Ministerin für Einsamkeit« ernannt.[55]

Wenn wir eine Pandemie der Einsamkeit vermeiden wollen, müssen wir umdenken und neue Wege gehen. Etliche Studien belegen, dass ein großer Anteil von Arztbesuchen keine medizinischen, sondern soziale Ursachen hat. Statt Medikamente können Ärzte auch soziale Aktivitäten verschreiben, wie ein neues Projekt in Großbritannien zeigt. Das »soziale Rezept« vermittelt ehrenamtliche und sozialunternehmerische Angebote wie Tanzkurse oder Mitgliedschaften in einem Sportverein. Die ersten Erfahrungen sind positiv: während die sozialen Aktivitäten stiegen, gingen die Arztbesuche um mehr als zehn Prozent zurück. Auch virtuelle Netzwerke und Foren eröffnen viele Optionen des Austauschs und der Selbsthilfe. Bei den 60- bis 69-Jährigen sind bereits über 80 Prozent mit digitalen Anwendungen vertraut. Bei den über 70-Jährigen hat sich die Internetnutzung zuletzt verdreifacht, über die Hälfte dieser Altersgruppe ist heute digital unterwegs.[56] Soziales Engagement lohnt sich doppelt: es erhöht die Gesundheit und das Wohlbefinden und spart Kosten im Gesundheitswesen. Ein klassisches Win-Win.

## Schaffen wir die Altenheime ab!

Um die neue Volkskrankheit Einsamkeit zu bekämpfen, braucht es neue, radikale Ansätze Richtung mehr Zeit- und Lebensqualität. Fast alle wollen die letzten Lebensjahre in den eigenen vier Wänden verbringen und nicht in Heimen. Warum schaffen wir dann mit dem Alter nicht gleich auch die Alten- und Pflegeheime ab? Der medizinische und technologische Fortschritt ermöglicht es, dass wir uns selbst zu Hause versorgen bzw. uns dort versorgen lassen. Wir brauchen flexible Wohninfrastrukturen und nachbarschaftliche Projekte, die Pflege in den Alltag integrieren und dabei die Pflegebedürftigen soweit wie möglich aktivieren. In Holland hat sich beispielsweise »Buurtzorg«, auf Deutsch: Nachbarschaftshilfe, gegründet. Inzwischen ist die Idee auch in Deutschland angekommen. Die Pflege der Älteren findet im Wohnumfeld und zu Hause statt. Es werden Vereinbarungen mit den Pflegebedürftigen getroffen: Wie mobil wollt ihr sein? Wie können wir Euch dabei unterstützen? Pflege wird so lebensweltlicher, näher und integrativ. Netzwerke aus Familie, Freunden und Nachbarschaft entstehen. Und das ist erstaunlicherweise sogar günstiger als ein teures, anonymes Heim. Alters-WGs verbinden das Bedürfnis der Älteren, möglichst lange in den eigenen vier Wänden und nicht in einem Heim leben zu müssen, mit der Notwendigkeit, sie gut und effizient zu betreuen. »Altersfreundliches Wohnen« ist inzwischen weltweit ein Trend. Mehr als 150 Länder haben ein Netzwerk altersfreundlicher Städte gegründet. Wer aufgenommen werden will, muss einen umfangreichen Kriterienkatalog erfüllen. Die finnische Stadt Tampere hat es geschafft, indem sie älteren Menschen, die sich keinen Platz im Altenheim leisten können, eine barrierefreie Umgebung ermöglicht hat. Die Stadtplanung setzt dabei auf verkehrsberuhigte Zonen und altersgerechte Wege. Von der neuen urbanen Barrierefreiheit profitieren auch andere Bevölkerungsgruppen wie Eltern mit kleinen Kindern und Menschen mit körperlichen Beeinträchtigungen. Das neue Wohnquartier bietet zudem kostenpflichtige Services an wie Physiotherapie und Ernährungsberatung. So wird die Pflege älterer Menschen am Wohnort zum neuen urbanen Wachstumsmarkt. Wir brauchen im Gesundheits- und Pflegebereich mehr dezentrale Lösungen und Modelle, intelligentere Wohn- und Nachbarschaftsformen, Quartierärzte und -schwestern, Telemedizin und Selbstorganisation.

Und wir brauchen mehr Zeit für uns. In einer langlebigen Gesellschaft haben wir mehr Zeit denn je. Nur, was fangen wir damit sinnvollerweise an? Jüngere Generationen wollen ihr Leben nicht mehr ausschließlich der Arbeit unterordnen. Alte Statussymbole wie Dienstwagen und Einzelbüro werden unwichtiger. Wichtiger werden Selbstbestimmung, Autonomie und Zeitsouveränität. Für die Jahrgänge 1980 bis 2000 haben Freizeit sowie Zeit für Familie und Freunde eine hohe Bedeutung. So lautet ihre Antwort auf die Frage nach ihren wichtigsten Lebenszielen: möglichst unabhängig sein, einen sinnvollen Job haben sowie Zeit, das Leben zu genießen.⁵⁷ Sie wissen, was Stress, Zeitnot und Burn-out mit ihren Eltern gemacht haben. Und sie können sich auf einem leer gefegten Arbeitsmarkt ihren Arbeitgeber aussuchen, was bereits heute Karriere- und Nachwuchsmessen im Bereich der Pflege und Gesundheit oder Logistik zeigen. Künftig müssen sich nicht die Arbeitnehmer um Stellen bewerben, sondern die Arbeitgeber um die jungen Talente. Arbeit wird in Zukunft vielfältiger: Unser Verständnis von Erwerbsarbeit erweitert sich um Care-Arbeit, Bildungsarbeit, freiwillige Arbeit und politisches Engagement. Wenn wir all diese Tätigkeiten gleichwertig entlohnen, werden sie auch gesellschaftlich gleich wert sein.

## ZWEITE ZUKUNFTSWETTE

# Die Welt wird friedlicher!

Je vernetzter und demokratischer die Welt, desto friedlicher lebt es sich in ihr. Die Spaltung der Gesellschaft in Gewinner und Verlierer können wir überwinden, indem wir einen neuen Friedensvertrag schließen: Mit uns selbst.

Wenn die Regierung kein Glück
für ihr Volk schaffen kann,
dann gibt es keinen Grund für
die Existenz der Regierung.

*Aus dem Rechtskodex von Bhutan (1729)*

# 2

# Die Welt wird friedlicher, glücklicher und sicherer

Frieden, Glück und Sicherheit entscheiden sich vor Ort. Städte und Gemeinden bekommen mehr Macht und Einfluss, Mittel und Kompetenzen. Ein neuer Friedensvertrag gewährleistet Respekt und Wertschätzung für alle Tätigkeiten. Aus der Spaltung zwischen Stadt und Land wird ein Sowohl-als-auch: Die Städte werden dörflicher und das Land städtischer. Sicherheit wird zur umfassenden Zukunftssicherheit.

## Die friedlichste aller Zeiten

Wir leben heute in der friedlichsten Welt aller Zeiten. Erstmals seit 2013 sind die Konflikte auf der Welt weniger geworden. Das geht aus dem *Global Peace Index* (GPI) hervor, den das Institut für Wirtschaft und Frieden mit Sitz in Australien im Jahr 2019 veröffentlicht hat. Eingestuft wird die Lage anhand der Faktoren Krieg, Terror, Polizeigewalt und Waffenexporte in mehr als 160 Ländern.[58] Europa hat die Chance zur globalen Friedensmacht zu werden. Auf dem europäischen Kontinent befinden sich 17 der 25 friedlichsten Länder weltweit. In den Agrargesellschaften der Antike war menschliche Gewalt für 15 Prozent aller Todesfälle verantwortlich. Zu Beginn des 21. Jahrhunderts liegt der Wert nur noch bei einem Prozent.[59] Der Anteil der menschlichen Kriegsopfer beträgt heute weniger als ein Viertel im Vergleich zu den 1980er Jahren und ein halbes Prozent des Wertes im Zweiten Weltkrieg.[60] Auch das Risiko ermordet zu werden, ist in den letzten Jahrzehnten hierzulande erheblich gesunken. 2019 und 2020 sind die Jahre mit der niedrigsten Mordrate in Deutschland seit Langem, wie das Statistische Bundesamt meldet. Unser Leben wird immer sicherer. Auch im Alltag. Für einen US-Amerikaner verringerte sich die Wahrscheinlichkeit, bei einem Autounfall ums Leben zu kommen, im Laufe des 20. Jahrhunderts um 96 Prozent.[61] Tödlicher als Terrorismus und militärische Gewalt sind heute schlechte Ernährung und Verzweiflung. Schlechte Ernährung ist in Deutschland eine Hauptursache für den vorzeitigen Tod.[62] Für den durchschnittlichen Amerikaner oder Europäer stellt Coca-Cola eine größere tödliche Bedrohung dar als der »Islamische Staat« schreibt Yuval Noah Harari in seinem Bestseller *Homo Deus. Eine Geschichte von Morgen.*[63]

## Die ungesündeste Epoche aller Zeiten

Was unsere Lebenszeit drastisch verkürzt, sind also weniger Kriege und Katastrophen, sondern unser Konsum. Wir leiden und sterben an Übergewicht oder Herz-Kreislauferkrankungen. Sitzen, Rauchen, übermäßiger Fernseh- und Digitalkonsum bedingen die häufigsten Todesursachen. In den USA hat die konsumorientierte Lebensweise seit 2015 sogar zu einem Rückgang der Lebenserwartung geführt, wohingegen sie weltweit steigt. Betroffen sind vor allem Jüngere und Männer. Am stärksten stieg die Sterblichkeit der weißen 25- bis 34-Jährigen mit der geringsten Bildung. Die beiden Ökonomen Anne Case und Angus Deaton, die den Trend im Jahr 2015 entdeckten, bezeichneten das Phänomen als »Tod aus Verzweiflung«. Die 25- bis 34-Jährigen starben an Suizid, Drogen und chronischen Lebererkrankungen, verursacht durch Alkoholismus. Die Suizidrate hat heute das höchste Niveau in den USA seit Ende des Zweiten Weltkriegs erreicht. In der Coronakrise sind die Zahlen weiter gestiegen.[64] Der Anteil der US-Amerikaner, die sich als nicht sehr glücklich bezeichnet, ist heute mit über 66 Prozent fast genauso hoch wie vor 70 Jahren.[65] Soziale Sicherheit wird zur Voraussetzung für individuelle und emotionale Sicherheit.

Gestiegen ist auch die Schere zwischen arm und reich innerhalb der US-amerikanischen Gesellschaft: Die Lebenserwartung des ärmsten und des reichsten Prozents liegt bei Frauen um zehn Jahre und bei Männern sogar um 14 Jahre auseinander.[66] Zu den zentralen Ursachen gehören der mangelnde Zugang zu medizinischer Versorgung und der Lebenswandel. Fast 30 Prozent der US-Amerikaner können sich Medikamente und Behandlungskosten nicht leisten, weil sie nicht krankenversichert sind. 38 Prozent der Männer und 41 Prozent der Frauen gelten als fettleibig bzw. adipös. Damit steigt das Risiko eines deutlich verschlechternden Gesundheitszustands aufgrund von zu hoher Cholesterinwerte, Bluthochdruck oder Typ-2-Diabetes. In der Coronapandemie ist die Lebenserwartung der US-Amerikaner um ein weiteres Jahr gesunken, wie eine Studie des Nationalen Zentrums für Gesundheitsstatistik (NCHS) zeigt. Mit fast 600.000 Coronatoten (Stand: Mai 2020) haben die USA durch die Pandemie mehr Amerikaner verloren als im Zweiten Weltkrieg (400.000 Tote). Auch bei uns hängen Armut und Gesundheit eng zusammen. Wer arm ist, hat eine deutlich geringere Lebenserwartung. Bis zu elf Jahre beträgt der Unterschied zwischen Menschen mit geringem und mit hohem

Einkommen.[67] Die Unterschiede haben sich in den letzten 25 Jahren vergrößert.

Auch Krankschreibungen und Erwerbsunfähigkeit aufgrund von psychischen Erkrankungen haben zuletzt drastisch zugenommen. Das Risiko an Depressionen, Angsterkrankungen, Belastungsstörungen und Suchtverhalten zu erkranken ist heute so hoch wie nie. Noch nie fehlten so viele Deutsche wegen psychischer Krankheiten bei der Arbeit wie im Jahr 2019.[68] Psychische Krankheiten sind für 19 Prozent aller Fehlzeiten verantwortlich und stellen damit den höchsten Wert im Vergleich zu anderen Diagnosen dar (noch vor Rückenbeschwerden und Erkältungskrankheiten). Psychisch erkrankte Arbeitnehmerinnen und Arbeitnehmer sind mit rund 35 Krankheitstagen pro Jahr deutlich länger krankgeschrieben als körperlich erkrankte.[69] Die finanziellen Folgen sind enorm und betragen alleine in Deutschland jährlich mehr als 44 Milliarden Euro. Die Weltgesundheitsorganisation (WHO) schätzt, dass durch Depressionen und Angstzustände jedes Jahr weltweit rund 400 Milliarden Dollar an Produktivität verloren gehen.[70]

Obwohl die Welt um uns objektiv immer friedlicher und stabiler wird und die Wirtschaft wächst, fühlen wir uns zunehmend schlecht und unsicher. Immer mehr Menschen fühlen sich isoliert und abgehängt, weil das gemeinsame Gefühl des Zusammenhalts geschwunden ist. Im ersten Kapitel habe ich beschrieben, welche Folgen Einsamkeit als neue Krankheit für uns alle hat. Statt einem extremen und übersteigerten Individualismus und einer Philosophie des »the winner takes it all« geht es um den Aufbau des wichtigsten Kapitals einer Gesellschaft: Bindungen und Beziehungen. Wertschätzung, Würde und sozialer Zusammenhalt brauchen den Konsens aller Gesellschaftsmitglieder: Wir müssen uns ein neues gemeinsames Ziel setzen! Es geht um einen neuen Friedensvertrag innerhalb unserer Gesellschaften.

## Soziales Kapital
## gegen Kontrollverlust

Woher kommt das Gefühl der Orientierungslosigkeit und der Unsicherheit in einer Welt voller Chancen und Möglichkeiten? Gefühle wie Entfremdung, Entgrenzung, Einsamkeit und Isolation nehmen in unserer Gesellschaft zu. Das Vertrauen in den gesellschaftlichen Zusammenhalt und in die Politik schwinden. Mit welchen Folgen, das hat der US-amerikanische Politikwissenschaftler Robert D. Putnam bereits im Jahr 2000 in seinem international vielbeachteten Bestseller *Bowling Alone. The Collapse and Revival of American Community* beschrieben. Rückblickend liest sich das Buch wie eine Zukunftsprognose. Ohne den mehrheitlich empfundenen Verlust an sozialem Zusammenhalt wäre der Boden für den neuen Populismus und Despotismus, der Donald Trump 15 Jahre nach Erscheinen des Buches entgegen aller Prognosen den Weg zum US-Präsidenten bereitete, nicht möglich gewesen.

Mit »sozialem Kapital« meint Putnam jene »zwischenmenschlichen Bindungen – soziale Netzwerke und die gesellschaftlichen Standards von Gegenseitigkeit und Vertrauenswürdigkeit, die aus ihnen erwachsen.«[71] Es geht somit um Beziehungen zwischen und unter Menschen und nicht um die Beziehungen zwischen Bürgern und Regierungen und auch nicht um das Vertrauen in formelle Institutionen wie Gerichte oder Parteien, sondern um Beziehungen als Basis von Vertrauen und Gegenseitigkeit. Der empfundene Verlust an zwischenmenschlichen Bindungen führt zum Gefühl der sozialen Isolation, was wiederum zu einem Zuwachs an Todesfällen aus Verzweiflung führt. Auf den Zusammenhang hat bereits der Begründer der modernen Soziologie, Emile Durkheim, in seinem 1897 erschienenen Buch *Der Selbstmord* hingewiesen. Durkheim bezeichnet den Selbstmord vor allem als ein sozial bedingtes

Phänomen. Ursache sei weniger die Persönlichkeit des Betroffenen als der Verlust enger Bindungen zu Verwandten, Freunden, zum Partner oder am Arbeitsplatz. Zu den wichtigsten Suizid-Ursachen gehöre das Gefühl, »von der Gesellschaft abgehängt zu werden«. Die Weltgesundheitsorganisation (WHO) hat Durkheim in einer Studie im Jahr 2018 bestätigt: die Korrelation zwischen dem »Gefühl von Isolation« und dem Suizidrisiko der Bevölkerung besteht.[72] Das Gegenteil von Sucht und Verzweiflung sind Eingebundensein und Selbstwirksamkeit, eine gefährliche Ausweichreaktion sind Hass und Sehnsucht nach autoritären Lösungen.

## Die populistische Gegenreaktion

Der neue Populismus und Rechtsextremismus sind Scheinantworten auf die Frage nach dem sozialen Kapital. Beide verhindern den Aufbau von sozialem Kapital, weil sie Vertrauen und Gegenseitigkeit nur unter den Bedingungen von Gehorsam und Intoleranz gewähren. Besonders empfänglich für den neuen Autoritarismus sind Weiße ohne Hochschulabschluss. Diese Gruppe macht heute den größten Teil der US-amerikanischen Mittelschicht aus und sie hat zuletzt mit großer Mehrheit Trump gewählt. Auch in Europa wählen überdurchschnittlich häufig Angehörige der weißen Mittelschicht AfD (Deutschland), FPÖ (Österreich) oder Le Pen (Frankreich). Nicht nur in den USA tobt ein neuer Bürgerkrieg zwischen radikalen und gemäßigten Republikanern und Demokraten, auch unser Nachbarland Frankreich erlebt einen »Bürgerkrieg der Ideen«.[73] In Deutschland stehen vor allem die Grünen für das kosmopolitische Modell, das vom Einzelnen verlangt, sich an eine sich rasant wandelnde Welt anzupassen, wogegen die AfD für das nationalistische Gegenmodell steht und verspricht, dass es wieder so werden soll, wie es früher einmal war.

Der politische Philosoph Michael J. Sandel bezeichnet in seinem neuen Buch *Vom Ende des Gemeinwohls* die Wahl Donald Trumps als »ein wütendes Urteil gegen Jahrzehnte wachsender Ungleichheit und eine Version der Globalisierung, die nur denen dient, die ohnehin an der Spitze stehen, normale Bürger aber mit einem Gefühl der Machtlosigkeit zurücklässt.«[74] Machtlose Menschen fühlen sich ökonomisch und kulturell fallen gelassen, so Sandel. Sein Buch geht hart mit den Eliten nicht nur in den USA ins Gericht, die blind für ihre eigene Verantwortung sind, was zu einer populistischen Gegenreaktion geführt hat. Die politische Polarisierung hat auch in Europa und in Deutschland zugenommen. Populisten sind die Profiteure. Die Politikwissenschaftlerin Ulrike Guérot spricht sogar von einem »neuen Bürgerkrieg« zwischen Globalisierungsgewinnern und Globalisierungsverlierern, urbanen Zentren und ländlichen Regionen, Identitären und Kosmopoliten, Volk gegen Eliten.[75] Der neue Bürgerkrieg wird weniger militärisch denn ideell geführt. Es ist ein Krieg der Ideale zwischen der offenen Zukunft und der vermeintlich guten Vergangenheit. Ihn zu überwinden, wird mehr brauchen als ein Zurück in diese mutmaßlich gute alte Zeit, wie sie vor allem rechte Populisten gerne propagieren.

## Retrotopia: Die Sehnsucht nach der »guten alten Zeit«

Dabei sind Populisten einsame Zukunftsparanoiker. Sie sprechen unsere innersten Ängste an – vor Fremden und Andersdenkenden und Veränderungen, vor Abstieg, Wandel und Verlust. Es ist ein Irrtum zu glauben, der rechte (oder linke) Populismus würde verschwinden, wenn »nur« die Fremden erst einmal das Land verlassen haben oder wir »mehr« Rente, Lohn und alle Arbeit haben. Populisten sind Reaktionäre, die sich nach der intakten Welt eines eingebildeten Goldenen Zeitalters zurücksehnen – so beschreibt es Mark Lilla in seinem Buch *Der Glanz der Vergangenheit*. Sie kämpfen gegen humanen Fortschritt und Aufklärung, sie sind Fundamentalisten wie al-Qaida oder dogmatische Sekten. Gleichzeitig sind Populisten auch wichtige Störer für eine bessere Zukunft. Noch nie wurde über Integration und Zusammenhalt so gestritten wie heute. Bis 2015, dem Jahr der Willkommenskultur, als über eine Million neue Geflüchtete nach Deutschland kamen, war Integration größtenteils ein Thema für Minderheiten und Fachleute. Heute spricht das ganze Land darüber, wer bleiben soll und wie Integration besser bewerkstelligt werden kann. Und das funktioniert viel besser, als viele glauben. »Je besser Integration gelingt, desto konflikthafter wird eine Gesellschaft«, lautet die zentrale These des Buches *Das Integrationsparadox* von Aladin El-Mafaalani.

Populisten profitieren von der Spaltung der politischen Wertewelt. Während das eine Lager sein Heil in der Vergangenheit sucht, ist das andere den Bürgern zu weit voraus. Eine neue Konfliktlinie entsteht, welche die bisherige Konfliktlinie Rechts versus Links ablöst. Während die Kosmopoliten für die Öffnung der Identitäten und Märkte sind und sich gegen eine zu starke Ordnung und Regulierung aussprechen, setzen die anderen auf Schutz ihres Status und auf Sicherheit. Der britische Publizist David Goodhart hat diesen Trend in seinem 2017 erschienenen Buch *The Road to Somewhere* beschrieben. Er sieht zwei Wertewelten, die sich unversöhnlich gegenüberstehen: Die Welt der Bürger und die der Eliten. Während die Eliten als »Anywheres« beinahe überall auf der Welt zu Hause sind, sind die normalen Bürger als »Somewheres« auf ihre lokale Heimat festgenagelt. Die Anywheres gehören zur meinungsbildenden Elite, verfügen über einen hohen Bildungsstand und ein auf ihrem beruflichen Erfolg beruhendes Selbstbewusstsein.

Die Somewheres lehnen den permanenten Wandel ab und vertreten die Einstellung, dass sich die Welt in jüngster Zeit fundamental verändert hätte, was ihnen Unbehagen bereitet, da sie sich fremd im eigenen Land fühlten. Gegenüber Migration, dem Wandel der Geschlechterrollen und der Überbetonung höherer Bildung sind sie weit skeptischer. In einem kosmopolitischen, liberalen und weltoffenen Land fürchten sie den Verlust ihrer kulturellen Sicherheit. Wo sich die Anywheres zu den Gewinnern zählen, fühlen sich die Somewheres als Modernisierungsverlierer.

## Die neuen Kulturkämpfe im Kapitalismus

Die Kartografie der Gesellschaft ist dynamischer geworden. Die Mittelschicht ist längst kein einheitliches Gebilde mehr. Der Soziologe Andreas Reckwitz spricht von einer *Gesellschaft der Singularitäten*, die im Unterschied zur klassischen Moderne nicht mehr von einer Logik des Allgemeinen, sondern von einem Hervorbringen von Einzigartigkeiten geprägt sei. Reckwitz unterscheidet eine neue und alte Mittelklasse und eine neue Unterklasse (plus der winzigen Oberklasse). In der digitalen Wissensökonomie gibt die neue Mittelklasse den Ton an. Sie ist mit dem erforderlichen kulturellen Kapital ausgestattet und profitiert am meisten vom Wertewandel, der statt auf Pflichtgefühl auf Selbstentfaltung und Individualität setzt. Ihr Lebensstil ist liberal und kosmopolitisch, wohingegen die alte Mittelklasse deutlich weniger mobil und häufiger im ländlichen Raum angesiedelt ist und sich in einer zunehmend akademisierten Gesellschaft auch kulturell abgehängt fühlt. Auch für die neue Unterklasse erscheint die Selbstverwirklichung der neuen Mittelklasse als Paralleluniversum. Sie kämpft um das tägliche Überleben und hat den Anschluss an die Mitte aufgegeben. Der internationale Aufstieg des neuen Populismus von links und rechts ist Ausdruck und Antwort der Entwertungserfahrungen der alten Mittel- und der neuen Unterklasse.

Die früheren Kulturkämpfe verliefen anhand klarer Konfliktlinien wie Alt gegen Jung, links gegen rechts, katholisch gegen protestantisch. Inzwischen sind sie längst überholt. Heute kämpft Volk gegen Elite, Nationalismus gegen Globalisierung, Homogenität gegen Vielfalt, Frauen gegen Männer und Stadt gegen Land. Auch Europa ist von diesen neuen Kulturkämpfen betroffen. Wo die großen (Uni-)Städte mehrheitlich gegen Populisten wie AfD, FPÖ und Le Pen stimmen, stoßen sie fernab der großen Städte auf eine breite Resonanz. Je abgehängter sich die Menschen auf dem Land fühlen, desto eher wählen sie Populisten und Rechtsextreme. Die neuen Kulturkämpfe gleichen »Stammeskriegen«: die Lager stehen sich unversöhnlicher denn je gegenüber. Nach der Logik des rechtspopulistischen Tribalismus wird es zur patriotischen Pflicht, den Feind im eigenen Land zu hassen und zu vernichten. Die große Aufgabe des neu gewählten US-Präsidenten Joe Biden ist es, das Stammesdenken zu überwinden und das Land im Inneren zu erneuern. Eine Aufgabe, vor der nicht nur die USA stehen.

Kämpfe wie jene gegen den Klimawandel oder die Zuwanderung werden auch hierzulande zu Auseinandersetzungen um Werte und Kultur. Bereits vor 20 Jahren hat Peter Glotz, der einstige Vordenker der SPD, die Folgen einer »beschleunigten Gesellschaft« beschrieben und vor den »Kulturkämpfen im digitalen Kapitalismus« gewarnt.[76] Der Kulturkampf zeigt sich heute radikaler als von Glotz beschrieben. Es ist der Kampf um die richtige Lebensweise und die richtige Meinung. Der Kampf der postmaterialistischen Eliten gegen die alte materialistisch denkende Mitte und das neue prekäre Unten. Der Kampf der neuen Wissensarbeiter und der alten Industriearbeiter, der weltoffenen Globalisierungsbefürworter und der lokal Abgehängten, der Kampf der statusängstlichen Männer und der modernen Frauen.

Die von Peter Glotz prognostizierte Zweidrittelgesellschaft ist längst Wirklichkeit geworden. Seine Voraussage einer Spaltung der Gesellschaft in eine Elite, die das hohe Tempo der Veränderungen mitmacht und davon profitiert und einer neuen Unterschicht, die sich als Verlierer der Beschleunigung fühlt, ist längst eingetreten und erreicht inzwischen auch Teile der Mittelschicht. Die Mehrheit fühlt sich heute von der Politik nicht vertreten.[77] Das gilt vor allem für den Osten Deutschlands, wo die AfD am besten abschneidet. Und es gilt für die Jüngeren. Nur eine Minderheit von noch nicht einmal 15 Prozent glaubte vor Corona, dass sie einen höheren Lebensstandard als ihre Eltern haben werden. Der Kapitalismus löst sein Versprechen eines ständig steigenden Lebensstandards für alle kaum noch ein. Genauer: Eine kleine Minderheit profitiert, während die Zahl der Abgehängten wächst.

Pessimismus, Politik- und Elitenverachtung nehmen überall in der westlichen Welt zu. Die Ursachen der extremen Unzufriedenheit und Frustration zu beheben, wird einer großen Kraftanstrengung bedürfen. Die Sorge, im ökonomischen Wettbewerb aussortiert und überflüssig zu werden, reicht bis hin in die Mittelschicht. Gefühle von Ohnmacht, Verunsicherung, Heimatlosigkeit und sozialer Isolation werden verstärkt durch den Eindruck des Verlustes des gesellschaftlichen Zusammenhalts und moralischer Werte und Maßstäbe. Die Stimmung des eigenen kulturellen Niedergangs sucht sich ein Ventil und findet es in Populismus und Verschwörungstheorien. Beide wirken aus Sicht der Betroffenen therapeutisch, weil entlastend. Sie lassen die eigenen Ohnmachtserfahrungen vergessen und geben ihren Anhängern das Versprechen, die Kontrolle über ihr Leben zurückzugewinnen und wieder gehört zu werden. Im Widerstand gegen eine fremde globale Clique erfahren sie Genugtuung, Selbstwirksamkeit und Sinn. Aus Opfern werden Rebellen, die den erklärten Krieg der Eliten zurück in die Gesellschaft tragen.

Wenn wir den Zerfall der Gesellschaft verhindern wollen, müssen wir den Niedergang der Bindungen und Zugehörigkeiten stoppen und einen neuen Weg einschlagen, der die Gesellschaft wieder versöhnt. Nicht nur ökologische, auch soziale Ressourcen sind nicht beliebig erneuerbar, sondern müssen gelebt und gepflegt werden. Ein neuer Gemeinsinn, nach dem sich die große Mehrheit der Menschen sehnt, benötigt ein positives und pragmatisches Menschenbild, das den komplexer werdenden Herausforderungen gerecht wird. Der Mensch ist weder ein rein ökonomisches Wesen, das nur den eigenen Vorteil sucht und dabei – wie von einer unsichtbaren Hand gesteuert – zum Wohl aller beiträgt. Noch ist er ein soziales Mangelwesen, das durch Staat, Nation oder Religion vor sich selbst geschützt werden muss. Der Mensch ist aber auch genauso wenig an sich gut, wie die Gesellschaft Ursache allen Übels ist. Ein zukunftsorientiertes und zuversichtliches Bild vom Menschen geht davon aus, dass der Mensch ein ökonomisches, soziales und moralisches Wesen ist und die Gesellschaft auch in jeglicher Hinsicht verbessern will. Wir brauchen eine neue Balance aus Gewinn und Gemeinwohl, um diesem Bild gerecht werden zu können.

## Ein Friedensvertrag für eine gespaltene Gesellschaft

Wie lässt sich unsere zerrissene Gesellschaft wieder kitten? Die Kluft zwischen gut gebildeten und verdienenden Eliten, die oft in großen Städten leben, und deklassierten und kulturell entfremdeten Geringverdienern? Es sind Bindungen und Beziehungen, welche die Bereitschaft von Menschen stärken, wechselseitige Verpflichtungen einzugehen. Bindungen wirken dem weitverbreiteten Gefühl der Vereinsamung und dem Verlust von Respekt entgegen.[78] Damit jeder ein gutes und gelingendes Leben führen kann, braucht eine Gesellschaft ein starkes Gefühl von Gemeinsinn und ein Bild von der besseren Zukunft.

Ein rein gewinn- und leistungsorientiertes Denken ist eine Gefahr für das Gemeinwohl. In Zukunft werden wir eine Balance aus Sinnhaftigkeit, Produktivität und Innovation finden müssen. »Was sind Staaten anderes als Räuberbanden, wenn es in ihnen keine Gerechtigkeit gibt?«, fragte der Kirchenlehrer Augustinus von Hippo bereits im 4. Jahrhundert.[79]

Demokratie und Kapitalismus haben nur als soziale und moralische Veranstaltung eine Berechtigung. Demokratie und Marktwirtschaft müssen sich auch moralisch rechtfertigen, sonst verlieren sie an gesellschaftlicher Akzeptanz. Mit altem Denken und alten Rezepten ist die Aufgabe nicht zu erfüllen. Protektionistische Maßnahmen und eine bloße Umverteilung von Vermögen greifen zu kurz. Wenn »links« zur bequemen Methode der moralischen Überlegenheit und »rechts« zur bequemen Tugend des Realismus wird, sollten wir uns für eine neue politische Philosophie entscheiden – ich nenne sie den »progressiven Konservatismus«. Um die Kluft zwischen den Gewinnern und Verlierern zu überbrücken und ein neues Zusammengehörigkeitsgefühl zwischen beiden Gruppen zu stiften braucht es eine doppelte Anstrengung: ein gemeinsames Verständnis von Heimat und eine Politik des Respekts und der Anerkennung. Das zeigen auch Untersuchungen der EU-Kommission. In einem dieser *Eurobarometer* kam ein erstaunliches Ergebnis zum Stadt-Land-Gefälle heraus: Während mehr als zwei Drittel der

Städter zuversichtlich in die Zukunft blicken, sind es von den Befragten in den ländlichen Regionen weniger als die Hälfte.[80] Immer mehr Menschen auf dem Land fühlen sich abgehängt, so die Erhebung. Ihre Gefühle trügen nicht. In den reichen Ländern hat das Produktivitätsgefälle nach Berechnungen der OECD zwischen den Spitzenregionen und den übrigen Gebieten seit 1980 um 60 Prozent zugenommen. Überall in den USA, Europa und Japan hängen städtische Ballungsräume die ländlichen Gebiete ab, schreibt Paul Collier in seinem Buch *Sozialer Kapitalismus!* Die Gehälter explodieren in den Metropolregionen, während viele ländliche Regionen absteigen und der Wohlstand zwischen Stadt und Land ungleich verteilt ist. Für Collier ist die immer größer werdende Kluft zwischen großen Städten und ländlichen Regionen sowie zwischen Hoch- und Geringqualifizierten die »größte *wirtschaftliche* Gefahr«, die Zersplitterung der Identitäten die »größte *soziale* Bedrohung« und ein exklusiver Nationalismus die »größte *politische* Bedrohung«.[81]

Die Antworten auf die wirtschaftlichen, sozialen und politischen Bedrohungen sollten gebündelt und beantwortet werden. Die Antwort auf die Spaltung der Gesellschaft ist ein *Recht auf Heimat und Glück*, die Antwort auf die soziale Spaltung eine *Gesellschaft des Respekts* und die Antwort auf die gesellschaftliche Spaltung eine *Politik der Dableibensvorsorge.*

## 1. Recht auf Glück und Heimat

Der Mensch ist nicht nur ein soziales Wesen, sondern auch ein Wesen auf der Suche nach dem Glück. Vom Philosophen Aristoteles (384–322 v. Chr.) stammt die älteste überlieferte Definition davon: Das Glück bzw. die Glückseligkeit sei etwas Vollkommenes, unabhängig vom Zufall und etwas, das der Mensch aus sich selbst hervorbringt wie beispielsweise Selbstgenügsamkeit. Jeder Mensch will etwas erschaffen und die Welt gestalten und verbessern.

Laut dem *World Happiness Report* 2021 ist das subjektive Glück der Deutschen nach Corona größer als vor Ausbruch der globalen Pandemie. Deutschland stieg von Platz 15 auf Platz sieben der glücklichsten Länder der Welt auf.[82] Vor allem die älteren Bürgerinnen und Bürger sind zuletzt glücklicher geworden. Sie haben erfahren, dass sich die Gesellschaft in einer Zeit der Krise wie Corona sich um sie kümmert und Jüngere auf eigene Vorteile verzichten, um ihr Leben zu schützen. Noch nie wurde so viel telefoniert und über Video kommuniziert wie in den Monaten der Coronapandemie. Interessanterweise sind in den USA die Zahl der Suizide im ersten Coronajahr erstmals seit den Achtzigern zurückgegangen (von 47.000 in 2019 auf 45.000 in 2020). Den überraschenden Rückgang erklären Wissenschaftler mit der sogenannten Heldenphase, die auch in den ersten Monaten nach Kriegen und Naturkatastrophen eintritt: »Wir halten zusammen und versichern uns gegenseitig durch viele Hilfsbezeugungen, dass wir im selben Boot sitzen«, erklärt Christine Moutier, Sprecherin der Amerikanischen Stiftung für Suizidprävention.[83]

Das kleine Bhutan in Südasien ist nicht nur »Corona-Impfweltmeister«, sondern auch Vorreiter beim Thema Glück. Dort gibt es ein »Recht auf Glück«, das über das verfassungsrechtlich garantierte »Recht auf Streben nach Glück« in der *Unabhängigkeitserklärung* der USA hinausgeht, indem es auch die Voraussetzungen der persönlichen Entwicklung garantiert. Neben der Sicherung der Lebensgrundlagen wie Nahrung, Sicherheit, Wohnen und sozialer Teilhabe geht es auch um die individuelle Fähigkeit, Glück zu erleben. Statt das Bruttoinlandsprodukt ausschließlich ökonomisch zu erfassen, definiert und misst das Königreich ein »Bruttonationalglück«. Faktoren wie Lebensqualität und saubere Umwelt gehören ebenso dazu wie gute Regierungs- und Verwaltungsstrukturen.

Zwischen Wohnen, Glück und Heimat besteht ein größerer Zusammenhang als viele annehmen. Die Frage, wo und mit wem wir leben, ist die wichtigste Frage in unserem Leben. »Wo« wir leben, ist eng mit dem Begriff der Heimat verbunden. Was wir unter Heimat verstehen, hat mit Zugehörigkeit und Wohlfühlen zu tun. Für viele Menschen ist Heimat der Ort, an dem sie aufgewachsen sind. Wohnen ist eine soziale und eine kulturelle Frage und beeinflusst unser Glücksempfinden, wie die Coronapandemie zuletzt gezeigt hat. Ein wesentlicher Glücksfaktor ist Wohneigentum. Und dieses Glück findet sich weniger in den großen als in den vielen kleinen und mittleren Städten.

Die Mehrheit der Deutschen wohnt heute in kleinen und mittleren Städten. Nicht einmal jeder dritte Deutsche lebt in einer Großstadt mit mehr als 100.000 Einwohnern. Großstädte haben ihre Anziehungskraft für die große Mehrheit der Deutschen verloren. Fast 80 Prozent würden nach einer Befragung der Bundesstiftung Baukultur vor mehreren Jahren am liebsten auf dem Land oder in einer Mittel- oder Kleinstadt leben. Aufgrund der Erfahrungen in der Coronazeit werden es in Zukunft mehr sein. Der Trend »raus aufs Land« wird sich verstärken. Auch, weil sich die ökonomischen Vorteile der ländlichen Regionen herumsprechen Viele erfolgreiche Weltmarktführer haben auf dem Land ihren Sitz. Die Mehrheit dieser meist kleinen und mittleren Unternehmen, darunter viele Familienunternehmen, suchen derzeit noch händeringend nach Arbeitskräften oder Auszubildenden. Gleichzeitig ist die Beschäftigung im ländlichen Raum deutlich stabiler, wie Zahlen der Arbeitsagenturen belegen.[84] Die Zahl der Arbeitslosen geht dort stärker zurück als in den Großstädten. Immer weniger Menschen können sich künftig in den Großstädten eine Wohnung leisten. Der Wohnbedarf wird sich hier nur zur Hälfte decken lassen. Die Sehnsucht nach den eigenen vier Wänden ist somit auch ein Bedürfnis nach Heimat und Zugehörigkeit. Deshalb zieht es immer mehr Städter, vor allem junge Familien, raus in das Umland oder gleich aufs Land.

## Städte und Gemeinden sind Heimaträume

In Zeiten fundamentaler und schneller Veränderung braucht der Mensch einen Ort, wo er Beziehungen eingehen und Bindungen pflegen kann. Den Wert eines eigenen Zuhauses haben die meisten von uns in der Coronapandemie wieder oder erst schätzen gelernt. Heimatlosigkeit entsteht auch durch den Schock, dass sich etwas Vertrautes plötzlich verändert, der Weg zur Arbeit, Kooperationen und Partnerschaften, Familie und Freunde. Heimat ist immer auch ein Sehnsuchtsort – der Ort, wo wir noch nicht sind, aber sein wollen. Der Traum von Heimat braucht einen Raum für Heimat. Die als hyperschnell empfundene Globalisierung ruft einen neuen Trend in uns hervor: eine neue Lokalisierung, eine Rückbesinnung auf Orte und Gegenden, Kommunen und Regionen.

Was Mut macht: Das Vertrauen in Deutschlands Städte und Gemeinden ist zuletzt gestiegen. Je kleiner die Stadt, desto höher war das Vertrauen der Bürger in die Kommunen und ihre Institutionen, so das Ergebnis einer Forsa-Umfrage aus dem Juni 2020 auf dem Höhepunkt der ersten Coronawelle. Am höchsten war das Vertrauen unter den jungen Erwachsenen, den 18- bis 29-Jährigen. Die Krise stärkte das Vertrauen in die lokale Politik genauso wie ihre Autorität und Legitimität. Unterschiedlichste gesellschaftliche Gruppen konnten sich hier auf einen neuen Konsens verständigen:

den Schutz der Alten und Schwachen. Ideologie verlor, Leadership gewann. Deutschlands Rathäuser gehören zu den Gewinnern der Coronakrise. Endlich erfuhren die Bürger den Mehrwert lokaler Politik und ein »inklusiver Lokalismus« entstand. Hatte zuvor die Skepsis gegenüber technologischem Fortschritt und Globalisierung Regionen und Kommunen gefährdet und abgehängte Regionen zum Nährboden für Populismus und Extremismus werden lassen, findet nun eine Verschiebung der Aufmerksamkeit in Richtung Städte und Gemeinden statt. Das Vertrauen wächst.

Wenn es den Titel »Kommunalpolitiker des Jahres« gäbe, hieße einer der Gewinner wohl Stephan Pusch, der Landrat des Kreises Heinsberg, in dem die Pandemie als eine der ersten Anfang 2020 ausbrach. In der Krise kommunizierte Pusch täglich auf Facebook über Videobotschaften mit den Bürgern der Region, stets begleitet von dem Hashtag #HSbestrong: Heinsberg als Ort der Hoffnung, der gemeinsam gegen Corona kämpft. Kreativer Pragmatismus erweist sich als Vorteil von Kommunen und Regionen. Als Atemmasken knapp wurden, setzte Pusch auf die Bundeswehr und erhielt Unterstützung, ohne die Bundes- oder Landespolitik einzuschalten. Für die Zeit nach der Krise ist seine Vision eine Städtepartnerschaft mit Wuhan, der Region, in der das Virus weltweit als erstes auftrat – ein versöhnliches Zeichen für eine gemeinsame Zukunft.

Wie schnell aber die Stimmung kippen und Vertrauen verspielt werden kann, zeigen die Umfragewerte der vergangenen Jahre. Ein Jahr vor Corona stellte das Forsa-Institut in einer Umfrage noch einen »flächendeckenden Vertrauensverlust« fest. Als Ursachen nannte die Umfrage eine wachsende »Unzufriedenheit mit Versorgungsbereichen wie marode Schulen, Verkehrswege, Defizite im Mobilfunknetz, Ärztemangel im ländlichen Raum«.[85] Das in der Coronakrise wiedererlangte Vertrauen in die Funktionsfähigkeit der kommunalen Daseinsvorsorge gilt es weiter auszubauen.

Aus Daseinsvorsorge wird somit eine Dableibensvorsorge. Es geht um Macht, Kompetenzen und Ressourcen. Wenn die 20er Jahre zu einem Jahrzehnt der Kommunen werden sollen, braucht es ein neues Verhältnis zwischen Städten und ihren Bürgern. Studien zeigen: Demokratien, die auf Beteiligung, Lebensqualität und Offenheit nach außen setzen, haben zufriedenere Bürger, sind wirtschaftlich erfolgreicher und sozial innovativer.[86] Denn glücklichere Menschen beteiligen sich aktiver am sozialen und politischen Leben. Bei unglücklicheren Menschen dagegen grassiert Politikverdrossenheit, sie wählen seltener oder stimmen für populistische Parteien. Die Lehre aus der Pandemie ist also, dass sich Populismus-Prävention vor Ort in den Kommunen entscheidet. Ohne den Rückhalt in den Gemeinden ginge in Krisensituationen nur wenig.

In keinem anderen Land der EU leben weniger Menschen in den eigenen vier Wänden als in Deutschland. Das Eigentum ist zwischen Großstädten und ländlichen Regionen ungleich verteilt. In den großen Städten leben nur 31 Prozent im Wohneigentum, wohingegen es in den kleineren Gemeinden fast 60 Prozent sind. Warum ermöglichen wir nicht beiden Gruppen ein Recht auf Wohneigentum – den Bewohnern in den Städten wie auf dem Land? Die Antwort auf Nichteigentum und steigende Mieten ist Eigentum für möglichst alle! Ein interessantes Förderinstrument ist beispielsweise der Mietkauf: Der Mieter überweist die monatliche ortsübliche Miete als zinslose Tilgung und kann so später das Mietobjekt als Eigentum erwerben. Wenn der Staat das Ausfallrisiko übernimmt und das erforderliche Eigenkapital möglichst früh fördert, ist das finanzielle Risiko für die meisten Mieter überschaubar. Ähnlich wie bei einem klassischen Immobilienkauf wäre die Wohnung oder das Haus nach gut 25 Jahren abbezahlt.

Die Antwort auf die ökologische Frage in den Städten hingegen sind mehr Verdichtung und gemeinschaftliche Wohnkonzepte. Aufgestockte Gebäude verbrauchen bis zu 50 Prozent weniger Energie. Zusätzliches Bauland und weitere Flächenversiegelungen sind nicht nötig, wenn die Bausubstanz bestehender Gebäude erhalten wird. Um der Klimakrise entgegenzuwirken, müssen die Städte grüner und kühler werden. Trends wie »Urban Farming« weisen den Weg: Die Landwirtschaft wird so auch zur Stadtwirtschaft, die Städte zur Speisekammer. Die Frage nach der Ernährung einer wachsenden Weltbevölkerung wird bereits heute in den urbanen Räumen beantwortet. Metropolen wie Paris, New York und Hongkong setzen auf lokale Selbstversorgung. Auch immer mehr kleinere Städte verfolgen das Konzept der »essbaren Stadt« und nutzen Frei- als Ackerflächen. Mehr Landwirtschaft in den Städten sorgt für besseres städtisches Klima, mehr Artenvielfalt und nachhaltigere Stadtentwicklung. Dabei kommt es entscheidend auf eine nachhaltige Architektur an. Viele Gebäude sind nicht gerüstet für die zunehmende Hitze. Die Nachverdichtung der Städte muss klimaverträglicher werden, das Berufsbild der Architekten verändert sich. Es geht um eine Balance aus »höher, enger, dichter« und »offener, kühler und grüner«. Die Städte müssen in den nächsten Jahren klimaresistenter werden – durch Strom aus erneuerbaren Energiequellen, nachhaltigem Bauen, mehr Grünflächen sowie regionaler Landwirtschaft. Und sie müssen auch sozial resilienter werden. »Wohnen in Gemeinschaft« ist zudem eine Antwort auf den Trend der Einsamkeit.

## Eine neue Bauhaus-Bewegung: Wohnen in Gemeinschaft

Eine neue Wohn- und Baubewegung ist im Kommen. Den Generationen Y und Z, aber auch vielen Babyboomern geht es um mehr Gemeinschaft, Sharing-Angebote, Möglichkeiten, etwas zu teilen. Aus Büros wird Co-Working, aus Autobesitz Co-Mobility, aus Gärtnern Co-Gardening und aus Küchen und Wohnzimmern Co-Living. Dabei gehen Stadt und Land eine neue Allianz ein. Ein neues Co-Living-Projekt ist Europas größtes Öko-Dorf in Hannover. Im *Ecovillage* entstehen rund 500 Einheiten für 900 Bewohner. Sozialwohnungen machen das Projekt aufgrund der staatlichen Förderung nicht nur günstig, sondern auch bunt und inklusiv. Das genossenschaftliche Projekt setzt vor allem auf drei Zielgruppen: »Junge Radikale«, die reduziert leben wollen. Senioren, die Einsamkeit oder Altersarmut vermeiden wollen und die mittlere Generation, die auf der Suche nach einer neuen Balance von Selbstbestimmung und Gemeinschaft ist. Statt um Verzicht geht es um Genügsamkeit – die Möglichkeit einer Konzentration auf das Wesentliche. Das neue urbane Bauen reagiert auf ein Bedürfnis der Stadtbewohner: Besitzen und Teilen. Ihre neuen Organisationsformen sind die alten: Genossenschaften und (Bau-) Gemeinschaften. Die Qualität der geteilten Räume und des Quartiers wird zunehmend wichtiger als die Anzahl der Quadratmeter. Aus Bewohnern werden Nachbarn. Bisherige Wohnkonzepte sind introvertiert und nach innen gerichtet und wollen die äußere Welt in der privaten Wohnung abbilden: »Meine Garage, mein Auto, meine Familie, mein Garten«. Die neuen Konzepte sind eine Antwort auf das Bedürfnis nach Nachbar- und Gemeinschaft und den Trend, die Welt zu erobern, indem man die eigenen vier Wände verlässt. »Co-Living« heißt »Individualität in Gemeinschaft leben« und ist nicht nur ein Modell für Studierende und junge Leute. Populärer werden auch Wohngemeinschaften für berufstätige Singles und Ältere.

Vor 100 Jahren stellte sich die Bauhaus-Bewegung der Frage, wie Gebäude designt sein sollen, damit sie einen sozialen Dienst an der Gesellschaft leisten. Heute geht es um die Frage: Wie müssen Wohnraum und das Umfeld aussehen und eingebunden werden, damit die Bewohner sich wohlfühlen? Das Gemeinschaftswohnen bekommt durch die Coronapandemie einen Schub. Die Zukunftsforscherin Oona Horx-Strathern hat dafür den schönen Begriff der »Co-Immunity« geprägt: »Community plus Immunität.« Gemeint ist eine Renaissance des Räumlichen und der Nachbarschaft. Viele Städter erlebten ihre Stadt in der Pandemie zum ersten Mal als entspannt, ruhig und grün und erfuhren den Vorteil nicht-ökonomischer öffentlicher Räume wie Parks und Plätze. Die Nachfrage nach breiteren Fahrradwegen und Bürgersteigen ist heute in den meisten Städten größer als vor der Krise. Für das Wuppertal-Institut verbindet die resiliente Post-Corona-Stadt drei Faktoren: Nähe, Öffentlichkeit und Agilität. Die Stärkung des lokalen Handels und des sozialen Zusammenhalts und die agile Anpassung an Veränderungen gehören zusammen. Die Coronapandemie ist nicht nur eine große Tragödie – sie ist auch eine Chance, unsere Städte für die nächsten Krisen besser vorzubereiten. Wir sollten sie nutzen und nicht verschwenden.

Bis 2050 wird es keine wesentliche Rolle mehr spielen, *wo* die Menschen wohnen. Die urbanen Ballungsräume verlieren an Attraktivität, weil auch in den ländlichen Regionen die Chancen auf soziale und wirtschaftliche Teilhabe steigen. Zum Dreh- und Angelpunkt wird deshalb in Zukunft viel mehr die Frage, wie wir die soziale Spaltung in Gewinner und Verlierer von Globalisierung und Digitalisierung überwinden. Es ist auch der Respekt voreinander, der unsere Gesellschaft zusammenhält. Und es ist eine Politik der Anerkennung, die den Mitgliedern unserer Gesellschaft ihre Würde wiedergibt.

## 2. Gesellschaft des Respekts: Die Rettung der Arbeit

Der einzige Zweck eines Unternehmens sei es, Gewinne zu erwirtschaften. Der Satz des Nobelpreisträgers Milton Friedman aus dem Jahr 1970 ist bis heute das Mantra des ökonomischen Liberalismus. Dagegen steht die Überzeugung einer großen Mehrheit der Bürger. Gefragt nach der Zustimmung zu folgenden beiden Aussagen: »Unternehmen sind in erster Linie dazu da, Gewinne zu erwirtschaften« und »Gewinne zu machen sollte nur ein Aspekt unter vielen sein«, stimmen dreimal mehr der zweiten Aussage zu und das unabhängig von ihrem Alter und ihren Ansichten zu anderen Fragen.[87] Öffentliche Meinung und ökonomischer Mainstream sind in dieser fundamentalen Wertfrage gespalten. Der Siegeszug von Globalisierung und Digitalisierung hat die Spaltung der Gesellschaft weiter vertieft: die leistungsorientierte Elite ganz oben, die alte und neue Mittelklasse und die alte und neue prekäre Klasse. Yuval Noah Harari nennt sie gar die »Klasse der Nutzlosen«, die bald nicht mehr gebraucht werden, weil Roboter und Maschinen ihre Arbeit übernehmen: Textilarbeiter, Taxi- und Lastwagenfahrer.[88] Hat der Historiker recht? Ja und nein. Die technologischen Disruptionen werden neue Berufe entstehen lassen und alte Tätigkeiten ersetzen, sie werden aber kaum den Bedarf an Arbeitskräften insgesamt verringern. Die menschlichen Bedürfnisse kennen keine Grenzen. Allein aus diesem Grund wird die Wirtschaft weiterwachsen – und uns die Arbeit nicht ausgehen. Nur was folgt daraus? »Was die Arbeit mit uns macht, hängt maßgeblich davon ab, was wir mit der Arbeit machen«, schreibt die Soziologin Lisa Herzog in ihrem Buch *Die Rettung der Arbeit*.[89] Wenn wir die Arbeit retten wollen, müssen wir alle Formen von Arbeit anerkennen und entsprechend bezahlen.

## Die Entwertung der Arbeit

Der soziale Abstand zwischen Akademiker- und Nicht-Akademiker-Haushalten wird größer. Das durchschnittliche verfügbare Einkommen der reichsten zehn Prozent der Bevölkerung in den westlichen Industriestaaten betrug laut einer Studie der OECD von 2017 das Neunfache des Einkommens der ärmsten zehn Prozent. Damit befinden sich die Unterschiede auf dem höchsten Stand seit 50 Jahren.[90] Verdienten vor 40 Jahren Hochschulabsolventen in den USA etwa 40 Prozent mehr als diejenigen mit einem High-School-Abschluss, lag ihr Einkommen in den 2000ern bereits um 80 Prozent höher.[91] Noch deutlicher ist der Unterschied zwischen Unternehmensleitern und normalen Arbeitern. Lag das Einkommen der CEOs großer amerikanischer Unternehmen in den 1970er Jahren um den Faktor 30 höher als das des durchschnittlichen Arbeiters, verzehnfachte sich der Faktor im Jahr 2014 auf 300. Dagegen ist das Median-Einkommen amerikanischer Männer seit den 1970er Jahren gleichgeblieben. Inflationsbereinigt verdienen sie heute weniger als damals.[92] Die zunehmende Ungleichheit ist tödlich. Während die Sterberate in den USA seit den 1990er Jahren bei Hochschulabsolventen um 40 Prozent zurückgegangen ist, ist sie bei Personen ohne akademischen Grad um 25 Prozent gestiegen.[93] Anne Case und Angus Deaton bringen den Trend mit ihrem Buchtitel auf den Punkt: »Todesfälle aus Verzweiflung«. Die Verzweiflung, von der dabei die Rede ist, ist nicht allein materieller Natur.

Die zentrale Ursache für diesen Trend ist die Entwertung der Arbeit nicht akademisch ausgebildeter Arbeitnehmer. Der Ökonom Branko Milanović nennt drei Entwicklungen, die für die soziale Spaltung der Gesellschaft seit den 80er Jahren verantwortlich seien: Die Zunahme der Ungleichheit der Vermögen und Einkommen, die Zunahme der Lohnunterschiede zwischen Akademikern und Angelernten und die zunehmende Abhängigkeit der Chancen der Kinder von der Herkunft ihrer Eltern. Inzwischen haben sich diese Trends herumgesprochen und werden in unserer Gesellschaft diskutiert. Wenn das Versprechen, dass es der nächsten Generation besser gehen soll als der jetzigen, nicht mehr geglaubt wird, verliert nicht nur das Wirtschaftsmodell seine Legitimation. Aus einer Krise des Kapitalismus kann dann leicht eine Krise der Demokratie werden. Die wachsende Kluft zwischen den Gewinnern und den Verlierern der Entwicklung geht einher mit einem Gefühl der Entwertung und Demütigung. Niedrige Löhne und der Verlust der sozialen Wertschätzung gehen Hand in Hand. Wer den Wohlstand und Aufstieg nicht schafft, der ist selbst schuld, lautet die Botschaft.

Wenn die Leistungsgesellschaft eine Tatsache ist, dann müssen diejenigen, die zurückbleiben und es nicht schaffen, die Schuld bei sich selbst suchen. Wer nicht zu den »besten und klügsten Köpfen« gehört, ist selbst verantwortlich, wenn das Mantra von der angeblichen Chancengerechtigkeit nicht eingehalten wird. Die Zusammensetzung der Parlamente in den westlichen Demokratien spiegelt dieses Bild heute wider. In so gut wie allen verschwinden die weniger gebildeten Mitglieder der Gesellschaft. Ist eine Regierung, die fast ausschließlich zum Reservat der akademisch gebildeten Elite geworden ist, noch repräsentativ? Obwohl die große Mehrheit der Deutschen über keinen Hochschulabschluss verfügt, sind mehr als 80 Prozent der Bundestagsabgeordneten Absolventen einer Hochschule. Der Doktortitel spielt in der deutschen Politik eine derart große Rolle, dass Plagiatsvorwürfe in wissenschaftlichen Arbeiten Minister zum Rücktritt gezwungen haben. In England haben fast zwei Drittel der Kabinettsmitglieder des Jahres 2019 von Boris Johnson Privatschulen besucht und fast die Hälfte haben akademische Titel aus Oxford oder Cambridge. Um den größer werdenden Abstand in ein neues Gleichgewicht zu bringen, braucht es eine Reihe von Änderungen. Ganz oben steht dabei eine Neubewertung der Arbeit.

Der Marktwert eines Jobs und sein Beitrag zum Gemeinwohl sind nicht dasselbe. Wenn wir die real existierende Leistungsgesellschaft überwinden wollen, müssen wir Arbeit neu bewerten. Nicht nur Abitur und Uni-Abschluss, auch eine Ausbildung zum Handwerker, zur Krankenpflegekraft oder zum Erzieher ist ein wichtiger Beitrag zum Gemeinwohl. Die Fähigkeit zum Lernen und zur Intelligenz ist kein Monopol von Akademikern. Alle Klassen und Berufe verfügen über diese Fähigkeit. Die Neubewertung der Arbeit beginnt mit der Frage, die Michael J. Sandel in seinem Buch *Vom Ende des Gemeinwohls* stellt: »Was gilt als wertvoller Beitrag zum Gemeinwohl, und was schulden wir einander als Bürger?«[94]

Die Antwort auf die Entwertung der Arbeit ist ihre Rettung. Für Philosophen wir Aristoteles gehört neben dem Streben nach Gemeinschaft und Glück auch Arbeit zum Wesen des Menschen. Retten wir die Arbeit und führen eine neue Sicherheit ein: Jedes Mitglied einer Gesellschaft hat das Recht, zum Gemeinwohl beizutragen. Es braucht eine neue Balance von Verteilungs- und Beitragsgerechtigkeit, wenn wir den inneren Frieden zwischen Gewinnern und Verlierern wiederherstellen wollen. Wir sind nicht nur Produzenten und Verbraucher, Arbeitgeber, Unternehmer und Arbeitnehmer, sondern in erster Linie Menschen und Mitbürger. Die übergroße Mehrheit der Menschen lehnt eine reine Marktgesellschaft ab. Nach dem zivilgesellschaftlichen Konzept von Arbeit besitzen jede Tätigkeit und jeder Beruf eine Würde, die sich nicht allein am Marktwert misst.

Im Unterschied zu anderen Märkten ist der Arbeitsmarkt ein System für Anerkennung. Für den Gesellschaftstheoretiker Axel Honneth ist die kapitalistische Organisation der Arbeit nur unter zwei Voraussetzungen ethisch zu rechtfertigen: »Erstens muss sie einen

Mindestlohn bieten, zweitens muss sie allen Arbeiten eine Form geben, die sie als Beitrag zum Gemeinwohl ausweist.«[95] Für Michael J. Sandel untergräbt »eine politische Ökonomie, die sich nur mit der Größe und der Verteilung des BIP befasst […] die Würde der Arbeit und bringt ein verarmtes zivilgesellschaftliches Leben mit sich.«[96] Eine Marktwirtschaft darf nicht zu einer Marktgesellschaft führen; eine solche setzt materiellen Erfolg und moralischen Verdienst gleich. Ziel muss ein Arbeitsmarkt sein, der beides befördert: die Würde der Arbeit und den sozialen Zusammenhalt. Sandel macht dazu einen radikalen Vorschlag und plädiert für eine Ersetzung der Einkommenssteuer durch eine Finanztransaktionssteuer.[97] Eine Gesellschaft des Respekts und der Würde sollte die Tätigkeiten und Produktionsformen besteuern, die dem Gemeinwohl abträglich sind. Steuern auf Arbeit oder Gesundheit sind nach dem zivilgesellschaftlichen Konzept falsch. Schaffen wir sie ab und ersetzen sie durch Steuern auf das, was uns allen schadet: $CO_2$, digitale Monopole, Tabak, Zucker, Alkohol!

## Die 20-Stunden-Woche: Ein Experiment für eine neue Arbeitsgesellschaft

Die Coronakrise hat in vielen Ländern binnen weniger Wochen zum größten Einbruch der geleisteten Arbeitszeit geführt. Während die Politik über eine Verlängerung der staatlich geregelten Kurzarbeit nachdachte, schlug der Vorsitzende der IG-Metall ein neues Modell vor, um Massenentlassungen zu verhindern: die betrieblich vereinbarte 4-Tage-Woche. Schon vor Corona wünschte sich eine deutliche Mehrheit der Arbeitnehmer mehr Zeit für Familie, Erholung und Weiterbildung. Wird dieser Trend einer neuen Arbeitszeitgesellschaft beschleunigt? Können Sie sich vorstellen, nur noch 20 Stunden pro Woche zu arbeiten? Und das bei vollem Lohn?

Immer mehr Bürger können das. So ergab eine Umfrage im Sommer 2020 unter Beschäftigten in Österreich den Wunsch nach Einführung einer generellen 30-Stunden-Woche.[98] Jeder Zehnte konnte sich sogar eine Halbierung der Arbeitszeit auf 20 Stunden vorstellen. Als Gründe für eine Verkürzung nannten die Befragten den Wunsch nach mehr Gleichberechtigung zwischen den Geschlechtern, eine höhere Arbeitsproduktivität, weniger Arbeitslosigkeit, mehr Zufriedenheit und mehr Freizeit. Weniger und besser Arbeiten kann sogar zu besseren Leistungen, mehr Solidarität und neuen Innovationen führen. Der demografische Wandel kann uns allen ein längeres und gesünderes Arbeiten ermöglichen. Dennoch nimmt der Stress in unserem Alltag bislang deutlich zu: Ständige Erreichbarkeit und das Verschwimmen von Beruf- und Privatleben fordern uns heraus. Die Folge: Die Zahl psychischer Erkrankungen steigt dramatisch an. Depressionen und Burn-out sind längst der häufigste Grund für Berufsunfähigkeit.[99] Allein zwischen 2006 und 2016 haben sich die Krankschreibungen aufgrund psychischer Erkrankungen (AU-Fälle) um mehr als 50 Prozent und die Anzahl der Arbeitsunfähigkeitstage (AU-Tage) um knapp 80 Prozent zugenommen.[100] Die daraus resultierenden finanziellen Einbußen für die Wirtschaft sind enorm. Der Ausweg, den kollektiven Burn-out in Zukunft zu verhindern, sind flexible Arbeitszeiten und mehr Zeitsouveränität. 20 Wochenstunden arbeiten heißt bei einer 5-Tage-Woche am Tag vier Stunden und bedeuten das Ende eines historischen Relikts: den 8-Stunden-Tag.

1918 wurde der 8-Stunden-Tag in Deutschland gesetzlich vorgeschrieben. Doch die Idee war nicht innovativ. Bereits 100 Jahre früher hatte ein Unternehmer diese radikale Arbeitszeitverkürzung gefordert. Mit dem Slogan »Acht Stunden arbeiten, acht Stunden schlafen und acht Stunden Freizeit und Erholung« begründete Robert Owen aus Wales das neue Arbeitszeitmodell schon in den

1810er Jahren. Mehr als 200 Jahre später stellte der Vorsitzende der deutschen Metallindustrie mit seinem Vorschlag einer 4-Tage-Woche auch dieses bestehende Arbeitszeitmodell infrage. Die Reduzierung der Arbeitszeit als Mittel gegen Massenentlassungen ist nicht neu. 1993 vereinbarten die Tarifparteien die 4-Tage-Woche für Volkswagen. Die Arbeitnehmer verzichteten auf rund zehn Prozent ihres Lohns und reduzierten ihre Arbeitszeit von 36 auf 28,8 Stunden. Auf die Woche verteilt waren das sechs Stunden pro Tag. Gerettet wurden so 30.000 Arbeitsplätze. Im selben Jahr begann das Unternehmen unter Ferdinand Piëch seine Plattform-Strategie und verkündete, VW zum größten Automobilhersteller auf der Welt zu machen. Heute im Jahr 2020 führt das DAX-Unternehmen die globale Rangliste an. Inzwischen wurde die Arbeitszeit wieder angehoben. Die 4-Tage-Woche hat jedoch nicht nur Personalkosten gespart, sondern auch neue Energien freigesetzt: eine höhere Produktivität und größere Innovationsstärke.

Kürzere Arbeitszeiten sind nicht nur eine Antwort auf ökonomische Notlagen, sondern längst auch ein gesellschaftlicher Trend. Wenn es nach den Beschäftigten ginge, wäre eine reduzierte Arbeitszeit längst die Norm. Ein Großteil der Arbeitnehmer hält den 8-Stunden-Tag Umfragen zufolge für ein Auslaufmodell.[101] Studien des Deutschen Instituts für Wirtschaftsforschung (DIW) kommen zu dem Ergebnis, dass sich die Arbeitszeitwünsche von Männern und Frauen in den letzten Jahren immer mehr angenähert haben, auch wenn die Arbeitszeitlandschaft zwischen den Geschlechtern immer noch gespalten ist. Während viele vollzeitbeschäftigte Frauen und Männer ihre Arbeitszeit gerne reduzieren würden, wollen teilzeitbeschäftigte Männer und Frauen sie aus finanziellen Gründen lieber aufstocken. Viele Paare wünschen sich, ihre Arbeitszeit gleichmäßiger aufzuteilen. Auch dieser Wunsch spricht für eine flexible 20-Stunden-Woche. Zu den

Gründen gehört auch, dass eine steigende Zahl von Beschäftigten heute verdichteter, das heißt mehr innerhalb der gleichen Zeit und deshalb gestresster arbeitet als frühere Arbeitnehmergenerationen.

## Mehr Zeit für Weiterbildung und Erholung

Der gesellschaftliche Trend »Zeit statt Geld« nimmt zu. 2018 wurde diese Wahlmöglichkeit in einem Lohntarif der Deutschen Bahn festgeschrieben. Die deutliche Mehrheit (56 Prozent) der Beschäftigten entschied sich zur Überraschung der Arbeitgeber für mehr Urlaub statt für ein höheres Gehalt. Bei den weiblichen Beschäftigten waren es fast zwei Drittel (63 Prozent). Statt Freizeit könnten Unternehmen ihren Angestellten auch mehr Zeit für Weiterbildung in den Betrieben oder zu Hause anbieten. Dies würde allen Seiten entgegenkommen: Qualifizierung wird zur neuen sozialen Frage im Berufsleben. Auf die neue digitale Arbeitswelt fühlen sich nur wenige der Beschäftigten vorbereitet. Besonders gering ist die Beteiligung an Weiterbildung bisher dort, wo sie am meisten gebraucht wird: bei Beschäftigten mit Routinetätigkeiten, die zunehmend von Maschinen übernommen werden können. Mit einem »Freitag für Weiterbildung« könnten auch solche Branchen ein Privileg nutzen, das für einen Großteil der Bürobeschäftigten zur »neuen Normalität« gehört: das Homeoffice. Das Arbeiten zu Hause will eine große Mehrheit der Beschäftigten auch nach der Pandemie zumindest teilweise fortführen. Ersten Studien zufolge ist die Produktivität sogar höher und die Fehltage sind geringer. »Weniger Stress, mehr Zeit für die Familie« titelte eine große deutsche Krankenkasse.[102] Eine kürzere, verdichtete Arbeitszeit kombiniert mit Homeoffice reduziert die Gesundheitskosten, weil sie die mentale und körperliche Gesundheit verbessert. Fortschrittliche Unternehmen wie *Headspace* in den USA geben ihren Mitarbeitern jeden zweiten Freitag einen »Mind Day« zur freien Verfügung als Antwort auf den gestiegenen Stress. Programme zur Verbesserung der mentalen Gesundheit erleben seit Corona einen enormen Boom. Das Gegenteil von Stress ist Vertrauen. Vertrauen in Mitarbeiter, Kinder, Politiker, Mitmenschen und in sich selbst.

Die ökonomischen und mentalen Folgen der Coronakrise erfordern innovative Antworten für die Arbeitswelt der Zukunft. Gedanken machte sich dazu schon vor fast 100 Jahren der britische Ökonom John Maynard Keynes in seinem Aufsatz *Economic Possibilities for our Grandchildren*. Mitten in der schweren Weltwirtschaftskrise der 1930er Jahre beschrieb Keynes seine Vision für das Jahr 2030 und prognostizierte den 3-Stunden-Tag. Keynes war ein Zukunftsoptimist. Die Theorie vom Ende der Arbeit lehnte er ab. Das zentrale Problem war für ihn die Geschwindigkeit: Die Entdeckung von maschinellen Mitteln, um Arbeit einzusparen, schreite schneller voran als die Fähigkeit, die Menschen in neue Arbeit zu bringen. Die Schwierigkeit liege dabei »nicht so sehr in den neuen Gedanken als in der Befreiung von den alten«, schrieb Keynes im Vorwort seiner *Allgemeinen Theorie der Beschäftigung, des Zinses und des Geldes*.[103] Keynes hat recht. Seine Enkelkinder sind heute wir.

## Care-Arbeit statt Bullshit-Jobs

Der amerikanische Bestsellerautor David Graeber, der an der London School of Economics Political Science lehrte, stellt eine provokante These auf: Rund jede zweite Arbeitsverrichtung sei ein »Bullshit-Job« – ein Job, der nicht vermisst wird, wenn er wegfällt. Auf der anderen Seite gehörten zu den Jobs, die vermisst würden, vor allem jene Berufe, die heutzutage nicht die Anerkennung bekämen, die sie verdienten – Jobs, die auch im Zeitalter der Maschinen und der KI den Menschen vorbehalten seien und sogar stärker nachgefragt würden. Denn je weiter die Automatisierung voranschreite, desto bedeutender werde der Fürsorge-Charakter von Arbeit, so Graeber.[104] Diese Jobs »am Menschen« werden bislang jedoch schlecht bezahlt, sind körperlich und seelisch anstrengend und sozial nicht besonders hoch angesehen. Darunter fallen etwa die rund fünf Millionen Beschäftigten in den sozialen Berufen in Deutschland. 80 Prozent von ihnen sind Frauen. Der durch die Jungen vorangetriebene gesellschaftliche Wertewandel führt gerade in diesen Bereichen zu einer gesteigerten Nachfrage. Die digitale Revolution sollten wir für eine mentale Revolution nutzen: Wir machen nur noch die Arbeit, die wir lieben.

Denken wir Arbeit im Plural: Die alte Erwerbsarbeit wird erweitert um Care-Arbeit, Bildungsarbeit, freiwillige Arbeit und politisches Engagement. Die Arbeitswelt von morgen besteht aus vernetzten Teams. Aus Fabrikarbeitern, die mit ihren bloßen Handen arbeiten, werden Anleiter – Ingenieure, Techniker, Spezialisten und Designer, die Prozesse und Abläufe steuern, kontrollieren, entwerfen oder verändern. So können mehr Jobs in der Industrie und um sie herum entstehen. Die prognostizierte Massenarbeitslosigkeit entfällt. Nicht nur in Europa, sondern weltweit. Eine Wirtschaft der Fürsorge und Selbstwirksamkeit liegt vor uns. Zum ersten Mal in der Geschichte wären wir frei und müssten keiner Arbeit zum reinen Broterwerb nachgehen.

In diesem Szenario werden jene Jobs aufgewertet, die Menschen nur von Menschen ausgeübt sehen wollen: Schon heute verzeichnet die sogenannte Care-Arbeit rund um die Bereiche Pflege, Gesundheit und Erziehung weltweit immense Wachstumszahlen. Aus Kohlekumpels werden Krankenpfleger, aus Außendienstmitarbeiterinnen werden Marketing-Fachkräfte, aus Paketpackern Servicedienstleister. Corona hat diesen Wandel ebenso beschleunigt wie die Digitalisierung. Plötzlich waren nicht Banker und Unternehmer systemrelevant, sondern Ärzte, Pfleger, Polizisten, Verkäufer Nachbarn und Eltern. Auf sie waren wir in den Monaten der Coronakrise täglich angewiesen.

## Die humane Arbeitsgesellschaft: Kapital für alle!

Neue Sicherheiten braucht es auch in den Unternehmen selbst. Sicherheitsfördernde Instrumente sind eine Politik der Mitbestimmung und Beteiligung der Arbeitnehmer an den Unternehmen. Die betriebliche Mitbestimmung der Arbeitnehmer ist ein zentraler Faktor für den außerordentlichen Erfolg deutscher Unternehmen. In unserer westlichen Welt gilt die Demokratie als die beste Organisationsform. Allerdings hauptsächlich in politischer, seltener aber in wirtschaftlicher Hinsicht. Dabei hat sich das deutsche Modell der Mitbestimmung und Betriebsverfassung im Vergleich zu eher kapitalistisch geführten Unternehmen als durchaus wettbewerbsfähig erwiesen. Gesellschaften geht es dann wirtschaftlich gut, wenn sie inklusiv organisiert sind und all ihren Mitgliedern Chancen zur Teilhabe und Mitsprache bieten.[105] Autoritäre Systeme, welche bestimmte Aktivitäten ihrer Bürger verbieten und Wettbewerb unterbinden, sind dagegen weniger produktiv und wohlhabend.

Eine neue Beteiligungskultur und eine moderne Unternehmensführung bedingen sich. Der frühere Personalvorstand der Deutschen Telekom und heutige Bundestagsabgeordnete der FDP Thomas Sattelberger spricht sogar vom »Unternehmensbürger« als neuem Leitbild.[106] Im Unterschied zum bisherigen Leitbild des Angestellten und Arbeitnehmers ist der Unternehmensbürger selbstständiger und souveräner, zudem nimmt er aktiv an betrieblichen Willensbildungs- und Entscheidungsprozessen teil.

Wo der alte Industriekapitalismus den Menschen als Objekt betrachtet und der neue digitale Kapitalismus den Menschen auch als Subjekt verwertet, setzt die Soziale Marktwirtschaft auf das Leitbild einer demokratisch gestalteten Wirtschaft auf Augenhöhe. Die Mitarbeiter-Demokratie ist die Weiterentwicklung der Sozialen hin zu einer Humanen Marktwirtschaft.

Ein zentrales Instrument für eine gerechtere Verteilung des Kapitaleinkommens ist die Beteiligung breiter Bevölkerungsschichten am in den Unternehmen vorhandenen Kapital. Zuletzt hat nur das obere Zehntel der Verteilungspyramide an Vermögen hinzugewonnen.[107] Von der Mitarbeiterbeteiligung profitieren die Arbeitnehmer und erzielen neben ihrem Lohn zusätzliche Einnahmen. Etliche Staaten fördern die Beteiligung der Bürger an Unternehmen und Kapitalmärkten. In Norwegen beispielsweise investiert der Staat treuhänderisch in Form eines Fonds. Der Staatsfonds ist mit mehr als 1.200 Milliarden US-Dollar der größte weltweit. Durch mehr Mitbestimmung und Beteiligung an den Unternehmen bzw. Kapitalmärkten würde nicht nur eine vermögende Elite, sondern auch die breite Mitte der Gesellschaft am steigenden Wohlstand teilhaben. Auch in Deutschland braucht es für den gesellschaftlichen Frieden und eine bessere soziale Sicherheit ein neues Instrument der Altersvorsorge. Millionen droht sonst im Alter Armut, da sie kaum betrieblich oder privat vorsorgen. Die Idee einer »Deutschlandrente« setzt sich parteiübergreifend zunehmend durch und sieht den Staat stärker in der Verantwortung: Der Fonds steht allen Bürgern offen und investiert in Projekte zum Umbau der Wirtschaft und der Gesellschaft. Ähnliche Fonds gibt es bereits in Schweden und Norwegen. Die Erfahrungen dort machen Mut und zeigen, dass sich kollektive Risikovorsorge für alle lohnt, den Staat wie die Bürger.

Für einen neuen Frieden in der Gesellschaft braucht es drittens eine Politik der Dableibensvorsorge, das heißt gleichwertige Lebensverhältnisse zwischen Stadt und Land. Die Gleichwertigkeit der Lebensverhältnisse ist im deutschen Grundgesetz verankert. Auch in der Europäischen Union ist die Angleichung der Lebensverhältnisse ein zentrales politisches Ziel. In den Kommunen und Regionen muss sie gelebte Praxis werden. Die Zukunft des Zusammenhalts der Gesellschaft entscheidet sich vor Ort.

# 3. Politik der Dableibensvorsorge

Umfragen zufolge verbinden die Deutschen mit Heimat weniger eine nationale denn eine regionale Identität. Heimat ist dort, wo wir uns wohl und verstanden fühlen. Die Lebensverhältnisse sind regional in Deutschland jedoch höchst unterschiedlich. Eine Wohnung ist für Polizisten und Pflegekräfte in einer Stadt wie München oder Hamburg nicht mehr leistbar. Die Schere zwischen reichen und armen Regionen wird größer statt kleiner. In Regionen, in denen sich die Menschen abgehängt fühlen, grassieren Rechtspopulismus und Verschwörungstheorien. Um »Sicherheit für alle« als Ziel zu erreichen, braucht es viele Schritte. So auch mehr Geld zugunsten von jenen Regionen, die vor einer doppelten Herausforderung stehen: Solche mit vielen jüngeren und älteren Einwohnern erhalten im Rahmen der Steuerverteilung von Bund und Ländern einen Bonus, da beide Gruppen auf öffentliche Dienstleistungen und Infrastruktur stärker angewiesen sind. Gleiches gilt für dünn besiedelte Regionen, damit diese Infrastruktur überhaupt aufrechterhalten werden kann. Investitionen in die öffentliche kommunale Infrastruktur fördern immer auch direkt und unmittelbar das private, freiwillige Engagement der Bürger. Der Staat kann nicht alles regeln, Heimat braucht vor allem Menschen, die Heimat schaffen und sichern.

»Wenn Bürgermeister die Welt regierten, wären viele globale Probleme längst gelöst« schrieb der 2017 verstorbene US-amerikanische Professor für Zivilgesellschaft, Benjamin R. Barber, in seinem letzten Bestseller *If Mayors ruled the World*. Er meinte damit vor allem den Klimawandel. Wie kann die Welt insgesamt krisenresistenter und damit zukunftsfähiger werden? Die Antwort auf diese neue globale Frage entscheidet sich lokal in den Städten und Gemeinden. Die Kommunen werden zu entscheidenden Akteuren und Räumen, in denen wir uns wohlfühlen und uns ein Gefühl von Heimat und Verbundenheit geben. Das Gefühl von Heimat gibt uns Sicherheit und Selbstwirksamkeit.

In Zukunft werden städtische und ländliche Räume immer mehr verschmelzen. Die Grenze in unseren Köpfen löst sich auf. Die digitale Revolution führt Stadt und Land zusammen und macht die Unterschiede weniger relevant. Die Digitalisierung führt zu einer Dezentralisierung von Leben und Arbeiten. Wenn überall flächendeckend schnelles Internet verfügbar ist, lässt sich theoretisch in jedem Dorf oder jeder Kleinstadt produzieren und arbeiten. Lange Wegstrecken und Pendeln werden in Zukunft zum Auslaufmodell, weil immer mehr Beschäftigte zu Hause arbeiten werden.[108] An mindestens zwei Tagen werden die meisten von uns künftig nicht im Büro sein. Schnellere Verkehrsanbindungen und eine Mobilitätsflat für alle und ein Deutschland-Ticket für alle regionalen Verkehrsverbünde würden den Unterschied zwischen Land und Stadt ausgleichen. Eine Antwort auf den Ärztemangel vor Ort sind Online-Praxen. »Mobile Health« verbessert die Gesundheitsversorgung auf dem Land, die zuletzt immer weniger sichergestellt werden konnte. Ärzte behandeln ihre Patienten schon heute zunehmend am Telefon oder online. Das Rezept und die Krankschreibung folgen per E-Mail. Lange Wegstrecken und Wartezeiten werden überflüssig und das Gesundheitssystem wird entlastet.

Deutschlands Städte und Regionen sind in Zukunft mehr denn je aufeinander angewiesen. Daseins- und Dableibensvorsorge müssen verbunden werden. Gefragt sind innovative Gesamtstrategien für die Herausforderungen der Digitalisierung, Mobilität, Gesundheit, Bildung sowie Arbeit. Dazu gehört auch eine neue Förder- und Steuerpolitik für strukturschwache Regionen. Unternehmen, die sich dort niederlassen, sollten für die ersten Jahre Steuererleichterungen erhalten. Infrastrukturprojekte in ländlichen Regionen können so schneller verwirklicht werden. Aus einer Region wird ein Sicherheit stiftender Heimatraum, wenn alle Bürger das Gefühl haben, profitieren und partizipieren zu können.

Damit wird »Zukunftssicherheit« zum neuen umfassenden Ziel der Gesellschaft. Neben der äußeren Sicherheit vor externen Bedrohungen wie Krieg und Konflikten geht es um den Schutz der inneren Sicherheit.

# Die Welt wird wohlhabender!

Eine globale Mittelschicht entsteht, die wohlhabender sein wird als alle Generationen zuvor. Eine Welt ohne extreme Armut und Hunger ist damit möglicher denn je. Zum Treiber des Fortschritts wird Migration. Regionen mit einem geringen Ausländeranteil werden zu den Verlierern, vielfältige und offene Gesellschaften zu den Gewinnern der neuen Mobilität. Aus dem globalen Gewinnerspiel für wenige wird ein Wachstumsprojekt für alle. Profitieren wird vor allem der Zukunftskontinent Afrika.

Der Kapitalismus hat uns unfassbare Erfolge
beschert. Auf der Welt lebt es sich insgesamt
gesehen heute besser und sicherer, reicher
und satter, gesünder und länger als es jemals
für eine Menschheitsgeneration auf diesem
Planeten galt.

*Robert Habeck, Bundesvorsitzender Bündnis 90/Die Grünen*[109]

# 3

# Die Welt
# wird
# wohlhabender

Das Ende der extremen Armut steht bevor, Wohlstand für alle
ist möglich. Ein neues Verständnis von Wirtschaft und Globalisierung setzt sich durch. Armut wird es nur noch in autoritären
Staaten geben, während nicht mehr Elende und Entrechtete zu
uns zuwandern, sondern Fachkräfte und Forscher. Mit der westlichen Dominanz ist es bald vorbei: Doch die Zukunft gehört
nicht China, sondern Afrika. Eine neue Globalisierung beginnt.

Was glauben Sie: Hat sich der Anteil der in extremer Armut lebenden Weltbevölkerung in den letzten 20 Jahren wesentlich verändert?
Ist er stark gestiegen oder gesunken oder stagniert er? Die richtige
Antwort ist: Die extreme Armut hat sich nahezu halbiert. Der Anteil
jener Menschen, die an einem Tag mit weniger als 1,9 US-Dollar
auskommen müssen, hat sich allein im Zeitraum zwischen 1993
und 2013 von 34 Prozent auf 10,7 Prozent verringert. Die Frage gehört zum globalen »Ignoranztest«, den Hans Rosling vor Jahren entwickelt hat[110] und der in vielen Ländern stattfand. Dort, wo der Test
durchgeführt wurde, hat ihn so gut wie niemand bestanden. Intuitiv

gehen die Menschen von einer zunehmenden Verschlechterung der Welt aus und wollen nicht glauben, dass sie objektiv immer besser wird. Rosling wurde in einer Zeit der Angst mit seinen Daten über die Geschichte der Menschheit zum weltweiten Star. 20 Jahre verbrachte er in Afrika, er war Berater der WHO und ist Gründungsmitglied der Schwedischen Ärzte ohne Grenzen.

Zu Beginn der Ersten Industriellen Revolution Anfang des 19. Jahrhunderts waren weltweit fast alle Menschen arm und das durchschnittliche Einkommen entsprach nur ungefähr dem in den ärmsten afrikanischen Ländern heute (etwa 500 Dollar pro Jahr). Doch im Zeitraum zwischen 1820 und 2017 hat sich die Anzahl der in extremer Armut lebenden Menschen von 94,4 auf neun Prozent verringert.[111] Den größten Schub gab es in den letzten Jahrzehnten. Bis 1966 lebte die Mehrheit der Menschen von einem US-Dollar am Tag und extreme Armut war die Regel und nicht die Ausnahme. Vor 40 Jahren lebten noch knapp die Hälfte der Menschen der Welt in extremer Armut, vor 20 Jahren waren es immerhin noch 29 Prozent und heute sind es nur noch neun. Auch wenn Armut in vielen Regionen der Welt ein großes Problem darstellt: In den letzten 50 Jahren hat die Welt nicht nur vier Milliarden Menschen hinzugewonnen; die fast acht Milliarden Menschen, die unseren Planeten heute bevölkern, haben heute im Durchschnitt auch ein besseres Leben als ihre Eltern und Großeltern. Die Welt ist reicher und gleicher geworden.

# Das Ende der extremen Armut

Wir können es uns angesichts der täglichen Nachrichten mit Beiträgen über das Elend dieser Welt kaum vorstellen, aber es stimmt: Der Anteil der Menschen in extremer Armut mit weniger als zwei Dollar am Tag ist in den letzten 20 Jahren um eine Milliarde gesunken.[112] Es ist daher sehr gut möglich, dass der Anteil noch vor 2050 nahezu null beträgt. Aktuell leben die meisten Armen in Indien und China. Noch. Vor 30 Jahren waren es in den beiden Ländern mehr als 40 Prozent der Bevölkerung, die in extremer Armut lebten. Innerhalb von 20 Jahren hat sich der Anteil in Indien auf 17 Prozent verringert, in China auf weniger als ein Prozent. Beide Länder verzeichnen ein enormes Wirtschaftswachstum und werden bis Mitte dieses Jahrhunderts zu den wohlhabendsten Regionen der Welt gehören. Ähnlich wird sich Afrika entwickeln, wo 2030 die meisten extrem Armen leben werden.[113] So könnte es beispielsweise Äthiopien bis 2050 gelingen, die extreme Armut weitgehend überwunden zu haben. Das Land, das früher zu den ärmsten der Welt gehörte, ist der Staat mit der zweitstärksten Bevölkerung in Afrika und auf dem Sprung vom Bauernstaat zum Industrieland.[114] Statt vor Hunger werden wir uns in Zukunft auch in der ehemaligen dritten Welt vor schlechter Ernährung und Übergewicht fürchten müssen. Bis Mitte des Jahrhunderts leben mehr übergewichtige (dann vier Milliarden) auf diesem Planeten als mangelernährte Menschen (dann zwei Milliarden Menschen).[115]

Aktuell leben noch rund 720 Millionen Menschen in extremer Armut. Bis zuletzt ging die Zahl der Armen jährlich um 70 Millionen zurück. Den größten Anteil an diesem Fortschritt hat China. Innerhalb von nur einer Generation haben sich rund 700 Millionen Chinesen aus der Armut und vom Hunger befreit. Keine

Ära hat mehr Menschen satt gemacht als diese. Erforscht hat den Zusammenhang zwischen Wohlstand und Freiheit maßgeblich der Ökonom Amartya Sen. Der aus Indien stammende Nobelpreisträger hat sein ganzes Leben als Wissenschaftler mit der Erforschung von Gerechtigkeitsfragen verbracht. Während die traditionelle Lehre der Entwicklungsökonomie Armut als Mangel an Einkommen versteht und die Wohlfahrt eines Landes anhand von Einkommensindikatoren definiert, plädiert Sen für einen breiteren Ansatz, der über den des Bruttoinlandsprodukts (BIP) hinausgeht. Ziel ist eine Messung, die den Bedürfnissen der Menschen entspricht und nicht vorrangig der Wirtschaft. Entscheidend für die Entfaltung der Menschen sind für Sen weitere Indikatoren, die heute Teil des *Human Development Index* (HDI) sind wie Bildung, Ernährung, Gesundheit und Möglichkeiten der Mitbestimmung. Der HDI berücksichtigt nicht nur das Bruttonationaleinkommen, sondern auch die Lebenserwartung und die Dauer der Ausbildung und misst so die Chancen der Menschen auf Verwirklichung ihres Lebens. Der Index zeigt seit seiner ersten Veröffentlichung im Jahr 1990 stetig nach oben. Wurden 1990 nur 49 Staaten mit sehr hoher oder hoher menschlicher Entwicklung eingestuft, waren es 2016 bereits 105. Die Zahl der Länder mit einem sehr niedrigen HDI hat im selben Zeitraum abgenommen. Die Welt wird menschlicher, weil sie wohlhabender wird. Wohlstand ist aber kein Selbstzweck, sondern der Weg zu mehr Freiheit und Lebensqualität.

## | Entwicklung durch Wirtschaftswachstum

Welches Wachstum braucht die Weltwirtschaft? Eine Wirtschaft ohne Wachstum wird auseinanderfallen, eine Welt des ewigen »Weiter so« wird immer weitere unerfüllbare Bedürfnisse definieren wie Unsterblichkeit und das Ausrotten aller Krankheiten. Nicht allein Wirtschaftswachstum, sondern menschliche und demokratische Entwicklung machen satt und reduzieren die Armut. In seinem 1982 erschienenen Buch *Poverty and Famines* (Armut und Hungersnöte) zeigte Sen, dass die Hungersnöte, die im Verlauf des Industriezeitalters auftraten, nicht primär auf den Rückgang von Nahrungsmittelproduktionen zurückzuführen seien, sondern durch politische Maßnahmen verursacht wurden. Demokratien können sich Hungersnöte nicht leisten, so Amartya Sen. Politiker, die auf ihre Wiederwahl achten müssen, achten stärker auf die Belange ihrer Bürger. Sen erhielt den Wirtschaftsnobelpreis 1998 nicht nur für seine Beiträge zur Wohlfahrtsökonomik, sondern auch für sein »besonderes Interesse für die ärmsten Mitglieder der Gesellschaft«.

Wirtschaftswachstum ist nicht alles, aber ohne ökonomisches Wachstum ist alles nichts. Wir brauchen Wirtschaftswachstum auch in Zukunft. »Es ist das wirksamste Werkzeug im Kampf gegen Armut und Ungleichheit in der Welt«, schreibt Branko Milanović in seinem Bestseller *Die ungleiche Welt*.[116] Eine Abkehr vom Wachstum zu fordern wie viele Umweltwissenschaftler, Klimaaktivisten und Globalisierungskritiker auf internationalen Konferenzen, ist wohlfeil. Die gezahlte Klimakompensation für die An- und Abreise zu diesen Konferenzen ähnelt dem Ablasshandel der katholischen Kirche im Mittelalter. Die globale Umwelt wird nicht zusammenbrechen, wenn die Armen von heute bald den Lebensstandard der Reichen erreichen. Nicht die Armen, sondern die Reichen sind das Problem, wenn es um Umweltzerstörung und Klimawandel geht. Es sind die wohlhabendsten zehn Prozent der Weltbevölkerung, die für mehr als die Hälfte der Emissionen verantwortlich sind.[117]

Unser menschliches Leben ist heute besser als jemals in der Geschichte der Menschheit. Und dennoch ist die globale Ungleichheit enorm. Die Grundlage für den möglichen Fortschritt ist der politische Trend hin zu mehr Demokratie und Freiheiten. Die These stammt von Immanuel Kant, dem großen Denker der Aufklärung: Der ewige Frieden sei möglich, wenn die Völker den Übergang von der Monarchie zur Republik schaffen und sich untereinander vernetzen. Heute, über 250 Jahre später, geht es um den Übergang von autoritären hin zu demokratischen Systemen. Wir haben innerhalb der nächsten Generation die historische Chance, die extreme Armut zu besiegen, obwohl die Weltbevölkerung heute acht Mal größer ist als 1750. Wie früher die Monarchen haben heute Despoten einen Anreiz, Kriege zu führen, um von innenpolitischen Missständen und Machenschaften abzulenken und sich neues Ansehen zu verschaffen. Demokratische Gesellschaften dagegen zieht es nicht in den Krieg oder in bewaffnete Konflikte. Offene Volkswirtschaften und liberale Demokratien sind widerstandsfähiger gegen den Verfall als geschlossene und autoritäre Systeme. Zwar sind auch offene Gesellschaften nicht gänzlich ungefährdet, können jedoch flexibler auf Veränderungen reagieren und somit Konflikte auf andere Art lösen, als ihre Gegenentwürfe (mehr dazu in Kapitel 5). Offene Volkswirtschaften und Gesellschaften sind wohlhabender und reduzieren extreme Armut wirkungsvoller als protektionistische und geschlossene Ökonomien und Gesellschaften. Der Unterschied ist selbst vom Weltraum aus zu sehen: Ein nächtliches Satellitenbild von Korea zeigt den kapitalistischen Süden hell erleuchtet und den kommunistischen Norden in nahezu totaler Finsternis. Bei ähnlichen geografischen, historischen und kulturellen Voraussetzungen ist der heutige Unterschied enorm. Reichere Länder weisen gegenüber ärmeren etliche Vorteile auf: Sie führen weniger (Bürger-)Kriege, werden oder bleiben demokratisch und haben tendenziell größeren Respekt vor allgemeinen Menschenrechten. Wohlhabendere Länder stehen gesellschaftlichen Werten wie Gleichberechtigung der Frau, Rechte von Homosexuellen, partizipativer Demokratie und Klimaschutz offener gegenüber. Demokratien sind erfolgreicher, wenn es um die Herstellung der Balance von Wohlstand, Freiheit, Frieden und Sicherheit geht.

## Wohlstand und Freiheit für die unterste Milliarde

Wie kommt es, dass die Milliarde der ärmsten Menschen überhaupt, die Mehrzahl dieser wohnt in Afrika, weitgehend vom globalen Wohlstand ausgeschlossen ist? Neben den Folgen des kolonialen Erbes leiden ärmere Länder an einem Mangel an Chancengleichheit und Freiheit. Korruption, Vetternwirtschaft, schlecht funktionierende oder mangelnde öffentliche Institutionen wie Gerichtsbarkeit und Behörden und unzureichender Eigentumsschutz sind die Ursachen für mangelnde soziale und ökonomische Entwicklung. Aber auch Protektionismus und Nationalismus auf Seiten der Länder des Westens. Der zentrale Widerspruch des Kapitalismus ist, dass er die Konzentration des Kapitals in den Händen Weniger nur schwer vermeiden kann. Ohne effektive Systeme der Korruptions- und Kartellbekämpfung wird die globale Armut nicht nur in Afrika oder anderen Regionen zunehmen, sondern mitten unter uns. Wir brauchen gezielte und ganzheitliche Hilfen im Rahmen eines »Paktes mit Afrika«. Es ist richtig, dass Europa seine Beziehungen und eine Partnerschaft mit Afrika auf Augenhöhe ausbauen will. In vielen afrikanischen Ländern ist das Potenzial für Solarenergie enorm. Die Zukunft gehört ab Mitte dieses Jahrhunderts diesem Kontinent und nicht mehr China, das dann die älteste Bevölkerung haben wird und sehr wahrscheinlich mit sozialen Unruhen zu kämpfen hat. Das Bildungsniveau wird in der gesamten Welt weiter steigen. Heute können mehr als 85 Prozent der Menschheit lesen und schreiben, im Jahr 1950 war die Hälfte aller Menschen noch Analphabeten.[118] Je besser gebildet eine Gesellschaft ist, desto höher ist ihr Wohlstand. Setzt sich dieser Trend fort, können bald mehr als 80 Prozent der Menschen in Ländern mit einem mittleren Einkommen leben. Diese Menschen sind weder arm noch reich – aber sie leben ein gutes Leben mit gleichen Chancen und in Freiheit.

Wenn sich sozialer, politischer und technologischer Fortschritt verbünden, ist der Sieg über die Armut eine Frage der Zeit. Es ist richtig: Je reicher die heutigen Armen werden, desto mehr werden sie konsumieren. Aber das heißt nicht, dass ihr Konsum zulasten von Umwelt und Klima gehen muss. Im Gegenteil. Da sich neue technologische Entwicklungen mittlerweile schneller und niedrigschwelliger verbreiten als früher, werden die Armen von heute schneller als wir keine Zeitungen aus Papier mehr lesen, sie werden ihren Strom nicht aus Kohle, Kernkraft oder Gas, sondern aus Wasserstoff und erneuerbaren Energien beziehen, sie werden sich überwiegend elektrisch fortbewegen und mehr zu Hause arbeiten, statt stundenlang zur Arbeit zu pendeln. Ihre Bankgeschäfte und Verwaltungsaktivitäten werden sie digital abwickeln, ihre Gesundheit weitgehend über Assistenzsysteme per App steuern und koordinieren.

Zum ersten Mal seit der Ersten Industriellen Revolution gehört mehr als die Hälfte der Weltbevölkerung zur Mittelschicht. Bis 2050 werden 60 Prozent der Mittelschichten außerhalb der westlichen Welt leben. Drei Viertel der Menschen können sich mindestens eine Flugreise im Jahr leisten. Wenn sich ihre Aussichten vor Ort nicht bessern, werden sie sich auf die Reise machen. Je niedriger die Wachstumsraten armer Länder sind, desto größer ist schon heute der Migrationsdruck.

Für den britischen Historiker Arnold Toynbee ist die Menschheitszivilisation »eine Bewegung und kein Zustand, eine Reise und kein Hafen«.[119] Zukunft ist das, was wir zulassen!

# Migration schafft Wohlstand

Die Migration gehört zu den unterschätzten Treibern von Wohlstand. Sie ist eine Investition in die Zukunft und für beide Seiten von Vorteil. Das klingt zunächst verwunderlich und ungewohnt, doch Migration bedeutet im Kern Mobilität – und die Weltwirtschaft funktioniert nur, wenn Güter und Menschen mobil sind bzw. sein dürfen. Regionen mit hohen Hürden für Einwanderung und einem geringen Ausländeranteil gehören zu den Verlierern der Zukunft. In China liegt der Anteil bei 0,06 Prozent. Damit wird womöglich das Land, vor dem heute wirtschaftlich alle Angst haben, zum größten Verlierer der Zukunft.

Im ersten Kapitel habe ich den »demografischen Peak« beschrieben, den Höhepunkt der globalen Bevölkerungsentwicklung, der 2045 einsetzen wird. Alle entwickelten Länder sind bereits heute wegen ihrer niedrigen Geburtenraten auf massive Zuwanderung angewiesen, wenn sie ihren Wohlstand halten oder ausbauen wollen. Viele von ihnen sind sogar von Emigration betroffen: Osteuropa hat beispielsweise in den letzten 20 Jahren Millionen von jungen Fachkräften verloren. Wie für vermutlich alle Migranten, bedeutet das Auswandern für sie neue berufliche Perspektiven – von dieser Warte aus ist Migration kein Grund zur Panik, sondern Zeichen des Fortschritts. In den Medien dagegen dominiert die Angstmache: Zuwanderung bedrohe unseren Wohlstand und unsere Sicherheit. Populistische Politiker spielen mit unseren Ängsten und warnen vor einem Anstieg der Arbeitslosigkeit und zunehmender Ungleichheit. Zu den Treibern von Wachstum und Reichtum gehört seit jeher Migration. Aktuellen Berechnungen zufolge betragen die Wohlstandseffekte mehrere Billionen US-Dollar. Für Deutschland betrage der Einkommenszuwachs durch Migration pro Kopf und

Jahr etwa 660 Dollar.[120] Ihre Ursache ist nicht zwingend Armut, sondern häufig schlicht die Hoffnung auf ein besseres Leben. Migration als Form menschlicher Mobilität ist dabei ein klassisches Win-Win: ein Gewinn für Herkunfts- wie Zielländer. Laut Weltbank überweisen Arbeitsmigranten jährlich fast 600 Milliarden Dollar nach Hause, das entspricht dem dreifachen Betrag der staatlichen Entwicklungshilfe im Ausland. Seit 1990 hat sich dieser Betrag um den Faktor 60 erhöht, dagegen stieg die weltweite Entwicklungshilfe im selben Zeitraum lediglich um das Dreifache.

Die Gesamtbilanz ist also positiv: Migration schafft nachweislich Wohlstand. Wo wären die USA wirtschaftlich ohne Zuwanderung? Wäre unser Wohlstand in Deutschland ohne Migration möglich? Ein Blick in die Pflegeheime, Krankenhäuser und Restaurants genügt, um die Antwort zu wissen. Zuwanderung macht eine Gesellschaft innovativer, wie das Beispiel der beiden BioNTech-Gründer Uğur Şahin und Özlem Türeci, deren Firma den weltweit ersten hochwirksamen Impfstoff gegen Covid-19 entwickelten, zeigt. Unseren Wohlstand können wir nur durch Weltoffenheit und Zuwanderung erreichen.

Fast 60 Millionen Europäer wanderten im 19. Jahrhundert in die USA aus, weil die Wirtschafts- mit der Bevölkerungsentwicklung nicht mithalten konnte. In der neuen Welt suchten sie ihre Zukunft und neuen Wohlstand. Zu ihnen gehören Levi Strauss, Albert Einstein, Billy Wilder und Hannah Arendt. Heute sind die USA global die führende Wirtschaftsnation und für viele Menschen auf der Welt der Sehnsuchtsort schlechthin. Die größte Zahl internationaler Migranten lebt in den USA. Fast 40 Prozent der amerikanischen Wissenschaftler kommt aus dem Ausland, vor allem aus China und Indien. Ohne die Zuwanderung seit 1945 würden in Deutschland heute zehn Millionen Deutsche weniger leben. Das Potenzial für die Zukunft ist noch größer. Leben heute in den

USA mehr als 20 Millionen Amerikaner asiatischer Abstammung, sind es in Europa nur vier Millionen. Das Verhältnis wird sich zugunsten Europas verschieben, da der Kontinent immer attraktiver wird.

Die größte Fluchtbewegung seit dem Zweiten Weltkrieg erlebte die Welt vor wenigen Jahren. 2015 mussten weltweit mehr als 65 Millionen Menschen ihre Heimat verlassen. Gut eine Million von ihnen kamen nach Deutschland. Die Arbeitslosigkeit sank in den Folgejahren auf ein Rekordtief. Auch weil die Berufsprofile der neuen Zuwanderer den Deutschen glichen. So waren 65 Prozent der Geflüchteten Fachkräfte (unter den Deutschen sind es 60 Prozent). 14 Prozent der Geflüchteten haben zuvor komplexe Expertentätigkeiten ausgeübt (genauso viele bei den Deutschen). 16 Prozent waren Hilfsarbeiter (Deutsche: 13 Prozent). Viele Branchen sind heute ohne ausländische Arbeitskräfte nicht mehr überlebensfähig. Der Anteil ausländischer Arbeitnehmer aller sozialversicherungspflichtiger Beschäftigten hat sich in den letzten zehn Jahren mehr als verdoppelt (von 1,9 Millionen in 2010 auf 4,1 Millionen in 2020) und beträgt beispielsweise in der Fleischindustrie fast 40, in der Landwirtschaft fast 30 und bei LKW-Fahrern mehr als 17 Prozent.[121] Auch bei den MINT-Berufen wie Elektrikern oder Ingenieuren ist die Beschäftigungsdynamik fast viermal so hoch wie bei den deutschen Fachkräften.[122] Die Mehrheit der Unternehmen sieht im Fachkräftemangel inzwischen das größte Risiko. Die Integration glückt immer besser und die Migrationsbilanz ist für Deutschland positiv: Das Einkommen der geflüchteten Menschen steigt jährlich, das Einkommen der Deutschen auch. Mit der positiven Entwicklung wuchs der Optimismus. Auf dem Höhepunkt der Zuwanderung waren die Pessimisten in der Mehrheit, heute sind es die Optimisten. Zwei Drittel der Deutschen glauben heute, dass Einwanderung einen positiven Einfluss auf die Wirtschaft hat.[123] Deutschland gehört heute zu den attraktivsten Zuwanderungsländern der Welt. Angesichts der demografischen Entwicklung ist das Land mehr denn je auf Zuwanderung angewiesen. Bis 2030 fehlen mehrere Millionen Arbeitskräfte, insbesondere in Branchen, die kaum oder gar nicht vom technologischen Wandel betroffen sind wie Erzieher, Lehrer, Gesundheitsberufe und Pflegekräfte. Ohne Zuwanderung wird das Wirtschaftswachstum deutlich zurückgehen, prognostiziert die Bundesbank.[124] Die Rechnung gilt auch global. Eine weniger rigide Zuwanderungspolitik würde die Wirtschaftsleistung wahrscheinlich weltweit verdoppeln.

Migration hat es immer gegeben in der Geschichte der Menschheit. Historisch sind wir alle Nomaden. Während die Zahl der Hunger- und Elendsmigranten heute niedriger denn je ist, steigt die Zahl der Migranten mit mittlerem Einkommen. Je wohlhabender die Welt wird, desto mehr Migration findet statt.

Regionen wie die Sahelzone, die heute zu den ärmsten der Welt gehört, verzeichnet dagegen kaum Auswanderung. Der Grund: aufgrund der extremen Armut können nur die wenigsten Menschen die Kosten für eine Ausreise aufbringen. Das Paradox ist in Wirklichkeit keines: Je mehr Menschen wohlhabender werden, desto mehr steigt gleichzeitig auch die Ungleichheit. Der Trend in Richtung einer neuen globalen Mittelschicht und der Trend zu einer noch ärmeren Unterschicht laufen parallel. Auf die Reise machen sich nicht die Elenden und Entrechteten, sondern die Bessergestellten. Die wenigsten Migranten sind Geflüchtete, die aus Not ihr Land verlassen. Nach Schätzungen der Vereinten Nationen liegt ihr Anteil an den weltweiten Migranten bei rund sieben Prozent. Die restlichen 93 Prozent sind wie Sie und ich: (junge) Menschen, die etwas aus ihrem Leben machen wollen. Die Zahl der hochqualifizierten Emigranten übertrifft die der Geringqualifizierten bei weitem. Arme und ungebildete Menschen bleiben entweder in ihren Heimatländern oder wandern in Nachbarländer aus.

Die Welt ist mobiler geworden, weil sie in unseren Köpfen größer geworden ist. Unsere eigene Zukunft endet nicht an unseren Herkunftsgrenzen. Was für Unternehmen immer schon selbstverständlich war, wird es zunehmend auch für uns Menschen. Entscheidend ist, wie wir globale Herausforderungen wie Armut, Hunger und Migration wahrnehmen. Statt uns von negativen Gefühlen und schlechtem Gewissen leiten zu lassen, sollten wir uns der Zukunft mit klarem Kopf stellen. Anstelle eine weltanschauliche These zu entwickeln und nur noch Informationen zu filtern, die sie bestätigen, geht es um ein anderes Weltbild: ein Bild von der Welt, wie sie wirklich ist und sein kann. Migration kann für beide Seiten ein Gewinn sein, für die Aufnahmegesellschaft wie für die Herkunftsgesellschaft. Ob Migration gut oder schlecht ist, ist daher die falsche Frage. Es geht vielmehr um die Frage »Wie viel Migration und Vielfalt verträgt eine Gesellschaft am besten?«. Statt Migranten in erster Linie als Flüchtlinge zu sehen, sollten wir sie als Fachkräfte und Brückenbauer willkommen heißen. Auch im aufgeklärten Eigeninteresse. Die meisten Herkunftsländer, aus denen Migranten heute stammen, werden innerhalb von einer Generation zu uns aufschließen. Das gilt vor allem für Afrika. Es wird zu unserem Vorteil sein, wenn wir dann bereits eine gut funktionierende Integrationskultur geschaffen haben.

Lebten vor 100 Jahren noch 150 Millionen Menschen in Afrika, sind es heute 1,3 Milliarden. 2050 werden es fast doppelt so viele sein und 2100 rund 4,5 Milliarden. Die große Mehrheit von ihnen wird sehr jung sein, zwei Drittel werden unter 30 Jahren sein. Die Aussichten stehen gut, dass Afrika in der zweiten Hälfte dieses Jahrhunderts China als demografisch stärksten Kontinent ablösen wird. Eine Partnerschaft mit Afrika ist unsere Chance. Betrachten wir den Kontinent nicht als unser eigenes Spiegelbild! Afrika ist unsere Zukunft.

## Zukunftskontinent Afrika

Der *Homo sapiens* stammt ursprünglich aus Afrika. Von hier aus eroberte er die übrigen Kontinente. Megatrends wie Demografie und Digitalisierung sprechen dafür, dass Afrika die Zukunft gehören wird – statt wie bisher angenommen China, den USA oder Europa. Bis 2050 könnte Afrika eine Wirtschaftsleistung haben, die größer ist als die der USA und Europa zusammen. Das mag heute für die meisten Menschen wie eine Utopie klingen, befinden sich doch fast alle der ärmsten Staaten der Welt in Afrika. Viele von uns verbinden Afrika mit Hunger, Elend, AIDS und Krieg. Doch der Eindruck ist falsch: Afrika ist kein Armuts-, sondern ein Zukunftskontinent. Mehr als 99 Prozent der Menschen in Afrika lebt in Frieden, immer mehr in einer Demokratie. Nur jeder Dritte verbindet Afrika und seine 55 Staaten mit Chancen, Aufbruch und Zukunft. Wir wissen so gut wie nichts voneinander, dabei sind wir eigentlich Nachbarn – uns trennen an der Straße von Gibraltar gerade einmal 14 Kilometer. Entscheidend ist also unser Bild von Afrika und seiner Zukunft.

Auf vielen Feldern hat der Kontinent erhebliche Fortschritte in den letzten Jahrzehnten gemacht. Starben vor 25 Jahren noch mehr als 75.000 Kinder jährlich an Polio, ist die Krankheit heute weitgehend ausgerottet. Ähnlich ist die Entwicklung bei den Malaria-Fällen, die innerhalb von 20 Jahren um 60 Prozent zurückgingen. Zwischen 2000 und 2019 starben dadurch fast acht Millionen Menschen weniger an der Infektionskrankheit. Auch im Kampf gegen AIDS gab es einen massiven Durchbruch. Von den weltweit 38 Millionen Infizierten leben fast 26 Millionen in afrikanischen Ländern. Zwei Drittel der Neuinfektionen finden im Süden des Kontinents statt, vor allem junge Frauen sind betroffen. Ein neues Medikament (Rukobia), das die Europäische Arzneimittelagentur (EMA) zur Zulassung empfiehlt und am 1. April 2021 auf den deutschen Markt gekommen ist, verspricht mittlerweile Hoffnung, dass die Welle erheblich abgeschwächt werden kann. Erinnern Sie sich noch an Ebola? Dem Ausbruch dieses Virus fielen 2014 und 2015 in Afrika mehr als 11.000 Menschen zum Opfer. Sehr schnell wurde ein Impfstoff entwickelt, sodass bereits im Juni 2016 die Epidemie von der WHO in Westafrika für beendet erklärt werden konnte.

Die aktuelle Coronapandemie wirft den Kontinent kurzfristig wieder zurück, die langfristigen Trends sprechen aber für eine nachhaltige positive Entwicklung. Entgegen der Prognosen von Experten hat es bislang nicht Millionen Coronatote gegeben, vor allem, weil Afrika auch aus der Ebola-Krise gelernt hat und infizierte Patienten außerhalb der Arztzentren versorgt.

Auch in anderen Bereichen geht es bereits bergauf: Da Großkonzerne und Staat hier weniger wirtschaftliche Sicherheit bieten, blüht der Unternehmergeist Trotz Wirtschaftskrise: Es entstehen immer mehr Start-ups und vor allem in der Subsahara nehmen die Menschen ihre Zukunft selbst in die Hand und gründen Unternehmen. Der *Ease-of-doing-Business-Index* der Weltbank listet fünf afrikanische Staaten unter den Top 10 der Reformländer im Bereich »Starting a Business«. Das bestplatzierte afrikanische Land unter den geschäftsfreundlichsten Staaten ist Ruanda. Noch vor 25 Jahren war das Land Schauplatz eines der grausamsten Völkermorde der Welt – heute belegt es im Ranking Rang 29 und liegt damit vor Spanien, Frankreich und der Schweiz. Gingen frühere industrielle

Revolutionen weitgehend an Afrika vorbei, werden die aktuelle und künftige technologische Revolutionen den Kontinent schneller verändern als den Rest der Welt. Das Trendwort für den Wandel heißt »leapfrogging« (Bockspringen). Gemeint ist das Überspringen von Entwicklungsstufen wie von Sammeltaxis zu einem App gesteuerten öffentlichen Nahverkehr, von Kohleöfen zu Solardächern, von kleinen Märkten hin zu Online-Plattformen. Mobile Geldtransfersysteme ersetzen längst Banken. Frauen tragen am wirtschaftlichen Erfolg des Kontinents einen erheblichen Anteil. 80 Prozent der Nahrungsmittel werden von Frauen produziert. Jedes zweite Unternehmen wird in vielen Ländern von Frauen geleitet. Afrikas Zukunft ist weiblich.[125] Das zeigt auch der Frauenanteil in den Parlamenten. In Ruanda beträgt er über 60 Prozent und ist damit der höchste weltweit. Mit positiven Folgen für die weitere demokratische Entwicklung. Die Weltbank fand heraus, dass die Korruption eines Landes umso niedriger ist, je höher der Frauenanteil eines Landes im Parlament ist.

## Die dritte Welt wird zur ersten

In Afrika wird sich entscheiden, ob und wie wir die großen Herausforderungen unserer Zeit in den Griff bekommen: Pandemien, gefährliche Krankheiten, Klimawandel, Energie und Ernährung. So ist Afrika heute lediglich für drei Prozent des $CO_2$-Ausstoßes verantwortlich, leidet aber unter den Folgen des Klimawandels am meisten. Doch sein Energiebedarf ist ebenfalls enorm. Ohne den massiven Ausbau von erneuerbaren Energien könnte Afrika zum größten $CO_2$-Emittenten werden. Auch der Großteil der Urbanisierung findet in Zukunft in Afrika statt, da eine wachsende Bevölkerung auch zu mehr Migration vom Land in die Städte führt. Heute lebt mehr als die Hälfte der Weltbevölkerung in Städten. In wenigen Jahren werden es bereits fünf Milliarden Menschen sein.[126] Das globale Gewicht zugunsten von Afrika wird sich aufgrund des demografischen Wandels verschieben. In der zweiten Hälfte dieses Jahrhunderts wird das Verhältnis der erwerbsfähigen Bevölkerung im Alter von 15 und 65 Jahren zu den Nichterwerbsfähigen in jeder Weltregion zurückgehen. Mit Ausnahme von Afrika. Bis 2100 werden nach Prognosen der Vereinten Nationen vier von zehn Menschen auf der Welt in Afrika leben. Nach Schätzungen des IWF wird das Bruttosozialprodukt Afrikas Ende des Jahrhunderts höher sein als das des Euroraums. Ungefähr zwei Drittel der ungenutzten potenziellen Agrarflächen weltweit liegen in Afrika. Südlich der Sahara verfügt der Kontinent zudem neben bislang unbewirtschaftetem Boden auch über genug Wasser, um diesen nutzbar zu machen. Das Wachstumspotenzial für die Landwirtschaft ist dadurch riesig. Was ihr heute am meisten fehlt, sind gut ausgebaute Straßen und Lagerhäuser. Die Mehrheit der Bauern bewirtschaftet lediglich einen halben Hektar, besser wären jedoch mindestens 20 bis 50 Hektar. Wenn es gelingt, diese zu großen, landwirtschaftlich nutzbaren Flächen mit erneuerbaren Energien versorgten Industriegebieten für eine effizientere Produktion von Nahrungsmitteln zu entwickeln, könnten viele neue Jobs entstehen. Afrika könnte sich selbst ernähren.

Afrika braucht einen fairen Zugang zu unseren Märkten. Der freie globale Agrarhandel leistet einen kaum gesehenen Beitrag, um künftige Klimaschäden in der Landwirtschaft um mehr als die Hälfte zu reduzieren.[127] Durch offene Handelsbeziehungen kann ein besserer Ausgleich zwischen (westlichen) Überschuss- und (südlichen) Defizitregionen geschaffen werden. Neben dem Freihandel wird der digitale Wandel in den nächsten Jahren zu einem Beschleuniger des globalen Fortschritts. Die nächste Grüne Revolution wird eine digitale sein, denn digitale Technologien erhöhen die Ressourceneffizienz und Produktivität in der Landwirtschaft. Mit Hilfe von Satellitendaten können Bauern in Afrika ihre Felder besser bewässern und Düngemittel effizienter einsetzen. Demokratisch regierte Länder wie Ghana haben bereits Programme gestartet, um Kleinbauern auszubilden und sie mit modernem Gerät zu versorgen. Start-ups wie WeFarm vernetzen Kleinbauern und organisieren den Wissenstransfer per WhatsApp und Smartphone, selbst in Regionen ohne Internet. Je mehr wir von der biotechnischen und grünen Revolution verstehen, desto näher kommen wir einer Welt ohne Hunger.

Es liegt in unserem ureigenen Interesse, aus diesem Jahrhundert ein afrikanisch-europäisches zu machen. Ein Jahrhundert, indem nicht Afrika so wird wie wir in Europa, sondern eines, in dem wir uns beide verändern und weiterentwickeln. Statt sich mit dem Westen zu vergleichen und eine »afrikanische Utopie« zu verfolgen, müsse der Kontinent eine eigene Zukunft entwickeln, sagt der senegalesische Intellektuelle Felwine Sarr in seinem lesenswerten Buch *Afrotopia*. Eine Zukunft, die anders und deshalb nicht die alte Zukunft des Westens ist. Die ökonomische Entwicklung eines Landes muss seine Kultur berücksichtigen, wenn sie erfolgreich sein will. »Der Homo africanus ist kein Homo oeconomicus im strengen Sinn«, schreibt Sarr.[128] Sein Buch macht Mut, weil es eine Zukunft jenseits von Fatalismus und Dystopie zeigt.

Afrika wird nicht wie Europa oder ein anderer Kontinent, Afrika wird seinen eigenen Weg in die Zukunft gehen müssen. Aus dem Geber-Nehmer-Verhältnis wird eine echte Partnerschaft auf Augenhöhe. Die Jugend in Afrika braucht jährlich Millionen von Jobs, der Westen braucht Zuwanderung. Damit wird Afrika zum Geber und der Westen zum Nehmer. Eine Partnerschaft mit Afrika setzt auf eine neue Philosophie von Globalisierung: eine solidarische, innovative und freie Ordnung mit mehr Wohlstand und Wohlfahrt für möglichst alle Menschen. Die Antwort auf die weltweiten Krisen unserer Zeit ist nicht eine De-Globalisierung, sondern vielmehr eine Re-Globalisierung, eine neue gerechte Globalisierung. Ihr Ziel ist eine resiliente und robuste Welt und nicht eine isolationistische Staatengemeinschaft in einem Zustand permanenter Krise.

## Die resiliente Globalisierung

Noch ist unsere Welt weit davon entfernt, gerecht zu sein. Die sogenannten entwickelten Industriestaaten zerstören aktuell mit ihrem Wirtschaftsmodell das Klima, während vor allem die ärmeren Regionen unserer Erde die Folgen dieser Zerstörung tragen. Auf eine mögliche Massenmigration in Folge des Klimawandels ist bislang keine westliche Demokratie vorbereitet. Zum neuen »Green Deal« der Industrieländer gehört daher auch ein neuer Sozialvertrag für eine gerechtere Globalisierung, der auch das Thema Migration berücksichtigt. Für Europa könnte das so aussehen: Jedes Land nimmt eine Zahl von Zuwanderern auf, die lernen und arbeiten können. Im Gegenzug erhalten die Herkunftsländer finanzielle Unterstützung und technologisches Know-how.

Eine resiliente Globalisierung setzt auf Wachstum, Wohlstand und Wohlfahrt auch für künftige Generationen. Die Gleichung »Je mehr Kapitalismus, desto wohlhabender sind die Menschen« ist für viele Menschen ein großes Problem. Für sie sind Wachstum und Kapitalismus die Grundübel unserer Zeit und verantwortlich für Armut, Klimazerstörung und Populismus. Doch das Denken in Knappheiten ist ein historischer und mentaler Irrtum. Seit

300.000 Jahren haben wir uns daran gewöhnt, mit der Knappheit zu leben. Im Vergleich zu diesem langen Zeitraum leben wir plötzlich im Überfluss und müssen uns an ihn gewöhnen. Die weit verbreitete Annahme »Es reicht nie für alle!« hat sich bislang als Trugschluss erwiesen. Gesellschaften und ihr ökonomisches Wachstum werden in erster Linie von Ideen angetrieben und nicht von Verboten und Verzicht. Ideen, die nicht auf ein »Weiter so« setzen, sondern eine Strategie der kreativen Disruption verfolgen. Ihr Ziel ist ein intelligentes Wachstum, das nicht mehrere Erden beansprucht (oder eine alternative Erde jenseits unseres Planeten suchen muss), sondern den einen Planeten, auf dem wir heute und morgen leben, schont und schützt.

Es liegt in unserer Verantwortung, Wachstum und Wohlstand so zu gestalten, dass die größtmögliche Zahl der Menschen in ihren Genuss kommt – und zwar weltweit und nicht nur bei uns in Europa oder Deutschland. Es geht um eine neue Dimension des Wirtschaftens, der gesellschaftlichen Wertschöpfung und der Teilhabe. Menschliche Erfindungen, Innovationen und Technologiesprünge können die Welt vor dem Kollaps retten und Wohlstand und Wohlfahrt für alle bringen. Dafür braucht es auch ein neues Paradigma: einen inklusiven, nachhaltigen Kapitalismus. Die Antwort auf die ökologische und soziale Frage ist inklusiver Wohlstand durch intelligentes Wachstum. Das Ziel führt zu unterschiedlichsten Allianzen. So der »Rat für einen inklusiven Kapitalismus mit dem Vatikan«, ein Zusammenschluss von Führungskräften einiger der weltgrößten Unternehmen und Papst Franziskus. Der Kapitalismus soll inklusiver, nachhaltiger und vertrauenswürdiger werden.

Aus Globalisierung als hyperschnellem und hypervernetztem Prozess, der allein von Faktoren wie Effizienz und Preis beeinflusst wird, wird »Glokalisierung« als Verbindung globaler und lokaler

Elemente und Perspektiven. Die neue, achtsame Glokalisierung löst die schnelle Hyperglobalisierung der letzten 30 Jahre ab. Deren Ziel ist eine erhöhte Resilienz anstelle der maximal kurzfristigen Effizienz. Wirtschaft und Gesellschaft können am Ende dieser Entwicklung resilienter und robuster sein, als es heute der Fall ist.

Die Wandlungsfähigkeit des Kapitalismus wird nicht nur unterschätzt, sie ist sogar die Voraussetzung einer resilienteren Wirtschaftsordnung. Der Begriff der Resilienz umfasst zwei Dimensionen: zum einen geht es darum, die Vulnerabilität einer vernetzten und globalisierten Weltwirtschaft abzumildern, indem sich Unternehmen, Institutionen und Netzwerke aktiv und präventiv auf Krisen und Umbrüche vorbereiten. Externe Einflüsse wie veränderte Klimabedingungen, aber auch der demografische Wandel verlangen nach Anpassung und Flexibilität. Zum anderen steht Resilienz ökonomisch für einen neuen Wachstumsbegriff: es geht um krisenfestes, ganzheitliches Wachstum. Resiliente Unternehmen bleiben beweglich und passen sich auch in Krisenzeiten bestmöglich an. Die Erfahrung monatelanger Unsicherheit und Verwundbarkeit hat in den meisten Unternehmen zu einem neuen Nachdenken geführt: weg von der ausschließlichen Fixierung auf Effizienz, hin zu mehr Resilienz.

## Next Growth:
## Wachstum, Wohlstand und Wohlfahrt

Die ökologische Transformation des Kapitalismus hat längst begonnen. Neue Märkte sind in den letzten Jahren entstanden und werden die Zukunft prägen: erneuerbare Energien, Elektroautos, energieeffiziente Produkte, Biolebensmittel, Gebäudesanierung, Green Tech und Wasserstoff. Der sozial-gemeinnützige Sektor ist analog zu diesem Trend ebenfalls gewachsen. Während die alten

Organisationen wie Kirchen, Gewerkschaften und Parteien Mitglieder verlieren, zeigt der Trend bei den Genossenschaften nach oben. Mehr als 22 Millionen Menschen sind heute in Deutschland Mitglieder einer Genossenschaft, weltweit sind es mehr als eine Milliarde. Der genossenschaftliche Sektor umfasst hierzulande fast eine halbe Million Arbeitnehmer. Beliebte Themen sind Wohnen, Finanzen, Energie und Ernährung bzw. Landwirtschaft. Allein die Zahl der Energiegenossenschaften hat sich seit 2000 verzehnfacht. Die Volks- und Raiffeisenbanken verzeichnen aktuell eine Bilanzsumme von fast 1.000 Milliarden Euro, was einen Zuwachs von rund 30 Prozent in den letzten 15 Jahren bedeutet.

Der Wohlstand von morgen beruht auf neuen Werten und einem neuen Begriff von Wachstum jenseits des BIP. Das eindimensionale Wachstumsdenken wird abgelöst durch »Next Growth«: Wirtschaften bedeutet mehr als Gewinnmaximierung. Es geht um einen Beitrag zu einer besseren und lebenswerteren Welt und einem ganzheitlichen Verständnis von Wohlfahrt. Wachstum wandelt sich von einem Problem zur Lösung, von der die gesamte Gesellschaft und Umwelt profitieren. Andere Kenngrößen gesellschaftlichen Wohlstands werden wichtiger: Zufriedenheit, Gesundheit, Bildung, Demokratie und eine intakte Umwelt. Lebensqualität und Enkeltauglichkeit werden in allen Branchen zu dominierenden Werten. Profitieren werden vor allem die Bereiche Ernährung, Lebensmittel, Tourismus, Wohnen und Kultur. Städte und Gemeinden konkurrieren auf eine positive Weise: Wer gehört zum Club der grünsten, gesündesten und saubersten auf der Welt?

Trotz des enormen Fortschritts auf dem Gebiet der Bekämpfung der extremen Armut haben die Kritiker der real existierenden Globalisierung in Teilen recht. Weltweit ist die soziale Ungleichheit heute auf einem Rekordniveau. Die Coronapandemie hat die

Kluft zwischen den Reichsten und Ärmsten vertieft. In Deutschland verfügen die reichsten zehn Prozent über 67 Prozent des gesamten Nettovermögens.[129] Die NGO Oxfam spricht von einem »Virus der Ungleichheit«. Das zeigt sich auch an den Belastungen der Coronapandemie. Corona löste die weltweit stärkste Rezession seit der Großen Depression der 1930er Jahre aus. Mit dramatischen Folgen vor allem für die weniger Wohlhabenden und Ärmsten. Zu den globalen Zielen, die wir uns für eine nachhaltige Entwicklung stecken sollten, gehören unter anderem menschenwürdige und angemessene Arbeit für alle sowie langfristiges und nachhaltiges Wirtschaftswachstum. Dafür braucht es ein neues Modell der globalen Ordnung, eine achtsame und aufgeklärte Globalisierung.

## Eine neue Globalisierung: aufgeklärt und achtsam

Konkret geht es beim inklusiven Kapitalismus um die Verwirklichung der Ziele der ersten Aufklärung, erweitert um das Ziel einer nachhaltigen Weltwirtschaft: Demokratie und Multilateralismus, Vernetzung von Wissenschaft und Technik und ein globales Wirtschaftssystem, das die Chancen und Bedürfnisse aller Menschen berücksichtigt. Die zentralen Werte der achtsamen und aufgeklärten Globalisierung sind Resilienz, Solidarität, Konnektivität und Nachhaltigkeit. An die Stelle der einseitig effizienten Globalisierung tritt eine resiliente Wirtschaftsordnung, die auf robuste und sichere Lieferketten setzt. Insbesondere die Coronapandemie hat gezeigt, dass eine zu starke Gewichtung des Faktors Effizienz (wie bei Just-in-time-Produktion) zu mehr Abhängigkeit in den Lieferketten geführt hat. Die Coronapandemie hat die Gefahren und Risiken einer zu geringen Resilienz offengelegt. Viele Unternehmen werden ihre Versorgung mit Vorleistungen neben

Effizienzaspekten zunehmend unter Risikoaspekten bewerten. Zu den zentralen Risiken gehören eine unsicher werdende Weltwirtschaft sowie Umwelt- und Klimarisiken. Diese Risiken haben eines gemeinsam: sie sind unmittelbare Investitionsrisiken. Ein Weg zur Auflösung des Zielkonflikts zwischen Effizienz und Resilienz ist die verstärkte Re-Lokalisierung der Produktion. Resilientere Lieferketten beziehen auch die sozialen, politischen und ökologischen Kosten (wie Mindeststandards und Schutz von Arbeitnehmern sowie Grundrechten) von Standortentscheidungen mit ein. In Zukunft geht es um eine Balance zwischen Just-in-time-Produktion mit schlanken Lieferketten und minimalen Lagerbeständen auf der einen und langfristiger Widerstandsfähigkeit mit Redundanzen und höherer Eigenfertigungstiefe auf der anderen Seite. Zur Wahrheit gehört aber auch, dass die nachhaltige Form der Globalisierung zu höheren Preisen und Steuern führen wird. Wer umweltschädlich produziert und konsumiert, bezahlt mehr, wer dagegen klimaschonend lebt und wirtschaftet, weniger im Vergleich zu heute.

Eine Welt, die ihre beste Zukunft noch vor sich haben will, kann nur auf gemeinsamen globalen Werten basieren. Dafür braucht sie ein gemeinsames und grenzenloses Ziel: die Rettung des Planeten vor der menschlichen Zerstörung. Der Klimawandel ist das Ziel, das die gesamte Welt betrifft, von der Wissenschaft als die größte Herausforderung bezeichnet wird und das wir nur im Voraus und mit Solidarität angehen können. Es geht um einen Planeten, der auch für unsere Kinder und Enkelkinder noch lebenswert ist. Zwischen dem Ende der Armut und einer umweltschonenderen Zukunft besteht ein unmittelbarer Zusammenhang. Im Vergleich zu heute werden wir weniger Ressourcen verbrauchen. Wir werden besser leben können. Davon handelt das nächste Kapitel.

# Die Klimakatastrophe findet nicht statt!

Wir werden den »Carbon Peak«, den Gipfel des globalen $CO_2$-Ausstoßes, bis 2030 erreichen. Und im Jahr 2050 wird das Wort »Klimakatastrophe« aus dem öffentlichen Wortschatz verschwunden sein und nur noch Historiker beschäftigen. Ökologie handelt dann nicht mehr von Schuld, Strafe und Enthaltsamkeit, sondern vereint eine Politik der Vorsorge, nachhaltiges Denken und Wirtschaftlichkeit. Dem Megatrend Neo-Ökologie gehört die Zukunft.

[…] Ich wünschte mir, ich könnte durch eure Augen in die Zukunft schauen in eure Welt und wie ihr sie seht. Das geht leider nicht und deswegen ist das Einzige, was mir bleibt, zu versuchen, eure Zukunft möglich zu machen. Und zwar die beste, die ich mir vorstellen kann.

*Alexander Gerst*[130]

# 4
# Die Welt wird klimaneutral

Die Welt wird klimaneutral und wieder grün. Wir werden bald den Höhepunkt des globalen fossilen Verbrauchs erleben – unsere Energien werden erneuerbar. Wir werden so viel fliegen und Auto fahren können, wie wir wollen. Treiber des Wandels sind eine neue globale Jugendbewegung und soziale und ökologische Kapitalisten. Die Entkopplung von Wirtschaftswachstum und Ressourcenverbrauch wird zum ersten Mal in der Geschichte möglich.

Seit mehr als 200 Jahren verändert der Mensch die natürliche Umwelt, lokal wie global. Unser Einfluss auf den Planeten ist mittlerweile so groß, dass Geologen ein neues Erdzeitalter ausgerufen haben: Das Anthropozän löst das Holozän ab. Wir befinden uns in einer neuen Epoche der Erdgeschichte, in der die Menschheit die zentrale Instanz für das Überleben des Planeten darstellt. Der Begriff wurde von Paul Crutzen, Nobelpreisträger für Chemie, geprägt. Als zentrale Ursache sieht Crutzen den Klimawandel durch die Erhöhung der Konzentration von Treibhausgasen in der Atmosphäre. Es liegt in der pessimistischen Natur des Menschen, dass wir die Fähigkeit der Umwelt unterschätzen, wenn es um die Bewältigung der Folgen des Klimawandels geht. Das gilt beispielsweise für den Zustand der Weltmeere. Viele Biotope und Artbestände dort sind resilienter als wir glauben und können sich innerhalb von nur 20 bis 30 Jahren erholen, lautet das Ergebnis einer Metastudie, die im Fachmagazin *Nature* erschienen ist.[131] Im pazifischen Bikini-Atoll wurden 23 Atombomben von den USA getestet und gehört 70 Jahre später zu den schönsten Orten im Pazifik. Wir dürfen uns dennoch nicht zurücklehnen, sondern müssen unsere Beziehung zur Erde neu denken und einen besseren Lebensstil entwickeln zum Vorteil beider Systeme: Menschheit und Umwelt. Noch nie war die Zeit dafür so gut wie heute.

Die Coronapandemie hat uns die ökologischen Grenzen von Verbot, Verzicht und Minus-Wachstums-Konzepten offenbart. Als der globale Luftverkehr stillstand und die Lieferketten zusammenbrachen, sanken die $CO_2$-Emissionen global um einen Rekordwert von sieben Prozent. Um bis 2050 klimaneutral zu wirtschaften, müssten wir jedoch permanent in den Lockdown gehen. Nur eine sehr kleine Minderheit wird das wollen und können. Die Coronakrise hat uns aber gezeigt, dass ein gutes Leben auch mit weniger Konsum möglich ist. So haben die Deutschen ihr Konsumverhalten im ersten Coronajahr um fünf Prozent reduziert, so viel wie seit 50 Jahren nicht mehr.

Weder der alte Kapitalismus noch die alte Ökologie werden das Klima retten. Es braucht eine Verbindung. In Büchern und in Filmen wird die Klimakatastrophe ausschließlich als finaler Untergang der Menschheit erzählt.[132] Je drastischer, umso besser. Es ist kein Zufall, dass ein deutscher Filmemacher das Thema als reines Apokalypse-Spektakel auf die Hollywood-Leinwand brachte. Roland Emmerich drehte in den Zeiten der ersten Klima-Alarme zwei Spielfilme, »The Day After Tomorrow« und »2012«, in denen die Erde erst einfror und am Ende selbst der Himalaya unter Wasser stand. Als man die Besucher von Emmerichs Untergangs-filmen nach der Vorstellung befragte, wie glaubhaft sie nun den menschengemachten Klimawandel fanden, hatten die meisten weniger Vertrauen in die Modelle der Klimaforschung. Was vorher realistisch schien, wurde als reine Fiktion empfunden, weil die erwarteten Folgen aus ihrer Sicht übertrieben wurden. Der indische Schriftsteller Amitav Ghosh kommt in seinem Buch *Die große Verblendung* zu dem Ergebnis, dass es sich bei den literarischen Texten, die sich mit der Klimakatastrophe beschäftigen, zu einem Großteil um reine Science-Fiction handelt. Das Thema übersteigt unser Vorstellungsvermögen und dockt gleichzeitig an archaische Wahrnehmungsmuster von Schuld, Sühne und Strafe an: »Nur wenn wir jetzt sofort umsteuern, können wir uns selbst und die Welt retten!« Die mediale Dauererregung macht uns handlungsmüde.

## Wir haben Grund zum Öko-Optimismus

Wir leben als Menschen auch, weil es etwas gibt, das sehr viel komplexer und mächtiger ist als der Mensch. Wenn wir dies anerkennen, haben wir, statt in kollektive Angst- und Katastrophenstarre zu verfallen, allen Grund zum Öko-Optimismus. Der notwendige Wandel ist längst im Gange – auch in den Köpfen. Die große Mehrheit der Bürger will Umfragen zufolge deutlich mehr Klimaschutz. Es fehlt allerdings der nötige Handlungsoptimismus, der einen neuen Aufbruch und Mut freisetzt. Wäre nicht eine Denkweise, eine Mentalität denkbar, in deren Fokus nicht der Verzicht, sondern die Lust auf mehr Lebensqualität steht? Voraussetzung wäre, dass die Energiefrage weder als Kampf um knappere Ressourcen geführt wird noch als große Verzichtsübung. Sondern als Projekt eines spektakulären technischen Fortschrittes, der die Kräfte der

Natur freisetzt. Die Energiewende hätte tatsächlich das Zeug, eine sinnstiftende Transformation einzuleiten, die auch andere Bereiche als nur den Energiesektor betrifft. Wenn wir sie als technische, ästhetische, politische Verbesserung empfinden könnten, dann wäre viel gewonnen. Die Erkenntnisse der Spieltheorie können uns dabei helfen. Um ein komplexes Spiel im Sinn eines Win-Win zu gewinnen, müssen alle Player an einem Strang ziehen, ihre Interessen koordinieren und synchronisieren. Um die große Transformation zu schaffen, braucht es neben der Politik die Bürger und die Unternehmen. Weltweit sind es 100 Unternehmen, die für mehr als 70 Prozent des $CO_2$-Ausstoßes stehen. Ganz oben sind, wenig überraschend, Ölmultis und Staatsunternehmen.

Die Antwort auf die grüne Frage ist die *Blaue Ökologie*[133]. Gemeint ist eine systemische Ökologie, die im Unterschied zur grünen Ökologie in intelligenten Systemen und nicht in Apokalypsen und Beschränkungen denkt. Es geht darum, Technologie, Ökologie, Natur und Lebensqualität auf einer neuen Ebene zu integrieren. In Zukunft können wir mit synthetischen Treibstoffen, Elektromobilität und Wasserstoff so viel fliegen und Autofahren wie wir wollen. In einer funktionierenden Kreislaufwirtschaft gibt es keinen Mangel an Rohstoffen und Materialien, die Sonne bringt mehr Energie auf die Erde, als die Menschheit verbrauchen kann. Wir werden weniger, dafür besseres Fleisch essen, das nicht nur von Tieren stammen muss. Die Agrarwirtschaft wird zur Land- und Stadtwirtschaft und bindet $CO_2$ in Böden und Wäldern. Der Weltklimarat schätzt, dass der Wert, den die Natur an Dienstleistungen erbringt, etwa 90 Billionen Dollar beträgt. Das ist ungefähr die gesamte weltweite Wirtschaftsleistung. Die wirtschaftlichen Schäden des »Weiter so« sind enorm. Schätzungen zufolge sind es bis zu 23 Billionen Dollar bis Mitte des Jahrhunderts.[134] Deutschland käme mit Einbußen von elf Prozent noch glimpflich davon, andere Länder, vor allem

Asien, trifft es härter. Ohne Gegenmaßnahmen würden die Temperaturen danach um 3,2 Grad steigen. Das Überleben der Menschheit hängt von unserem Umgang mit der Natur ab. Die Rettung der Erde wird zur globalen Mission. Es ist höchste Zeit. Wenn wir verhindern wollen, dass die Erde aufgrund steigender Temperaturen für viele zur Bedrohung wird, müssen wir schneller werden und die anstehende Transformation mit Tempo verbinden.

Mit ihrem neuen Präsidenten Joe Biden sind die USA zurück im Kampf gegen den Klimawandel und übernehmen gleich die Führung. Das ökologische Investitionsprogramm ist das größte in der Geschichte der Menschheit. Das Ziel des rund zwei Billionen Euro-Programms ist die Schaffung der stärksten, widerstandsfähigsten und innovativsten Volkswirtschaft der Welt. Die Investitionen entsprechen etwa zehn Prozent der jährlichen Wirtschaftsleistung. Auch die schnell wachsenden Länder China und Indien haben die Herausforderung erkannt und sind auf dem Weg zu grünen Supermächten. War vor 50 Jahren Europa der größte Verursacher der klimaschädlichen Emissionen, ist es heute Asien. Chinas Ausstoß hat sich seit 1990 vervierfacht. In den USA und Europa gehen die Emissionen inzwischen zurück. 2019 übertraf der Anteil erneuerbarer Energien in den USA erstmals den Anteil der Kohle. Auch in der EU wurde 2019 erstmals mehr Strom aus alternativen Quellen erzeugt als aus fossilen Rohstoffen. Dänemark stellt mit 61 Prozent den höchsten Anteil in Europa, gefolgt von Irland mit 35 und Deutschland mit 33 Prozent. Alle drei, China, die USA und die EU haben in etwa die gleiche Wirtschaftskraft und kommen auf einen Anteil von etwa 20 Prozent der Weltwirtschaft. Chinas Anteil an den Emissionen liegt heute jedoch bei 30 Prozent, während der Anteil der USA bei der Hälfte und der Anteil Europas nur noch vier Prozent ausmacht. Die Entwicklung zeigt: eine Entkopplung von Wirtschaftswachstum und $CO_2$-Verbrauch ist möglich.

# Neo-Ökologie:
## Die Versöhnung mit der Ökonomie

Treiber des Wandels hin zu einer neuen Weltordnung ist der Megatrend »Neo-Ökologie«. Ihr Thema ist eine neue Lebenskultur. Die Frage, wie wir wohnen, essen, einkaufen, für das Alter vorsorgen und unsere Freizeit verbringen – alles steht heute und in Zukunft unter dem Zeichen der Nachhaltigkeit, des Umwelt- und Klimaschutzes und eines verantwortungsvollen Konsums. Der Megatrend wird die nächsten 30 Jahre prägen wie kein anderer. Nachhaltigkeit wird vom individuellen Lifestyle zur gesellschaftlichen Bewegung. Neo-Ökologie beschreibt den gesellschaftlichen Veränderungsprozess hin zu einem ressourceneffizienten, intelligenten nachhaltigen Wirtschaften und führt zu einer Neuausrichtung der Werte in Wirtschaft und Gesellschaft. Ernährung, Umwelt und Green Deal der Klimawandel reicht in jeden Bereich unseres Alltags hinein, ob persönliche Kaufentscheidungen, gesellschaftliche Werte oder Unternehmensstrategie. Innovative Ideen, die Ressourcen sparen und Energien intelligent organisieren, werden wichtiger. Themen wie Klimaschutz, Zero Waste und Circular Economy werden zum gemeinsamen Anliegen in Gesellschaft und Wirtschaft. Zukunftsfähigkeit und Nachhaltigkeit werden eins.

Neo-Ökologie setzt auf Verbindungen und Beziehungen von Ökonomie und Ökologie, Landwirtschaft und Gesellschaft. Statt um die Frage »Öko« (gut) oder »Industrie« (böse) geht es um das Beste aus beiden Welten. Statt um Verbote, Verzicht, Schuld und Technologiefeindlichkeit geht es um Anreize, Spaß, Innovationen und Engagement. Gesunde Ernährung ist nicht mehr nur ein Thema für die Reichen und urbane Eliten. Dank neuer Technologien ist Nachhaltigkeit kein Luxus mehr. Das zeigt sich vor allem bei unserer Ernährung. Die steigende Erwärmung der Erde gefährdet die weltweite

Versorgung mit Nahrungsmitteln. Der Weltklimarat fordert eine radikale Umstellung der Essgewohnheiten. Die Weltbevölkerung müsse sich stärker von pflanzlichen und nachhaltig produzierten tierischen Lebensmitteln ernähren. Bauern und Verbraucher sitzen im selben Boot. Längst stellen Discounter und Konzerne ihr Sortiment um und verkaufen fleischlose Produkte. Pflanzenproteine werden als Lebensmittelbausteine zur wichtigen Alternative gegenüber tierischen Eiweißquellen. Erbsen, Pilze, Nüsse und Algen wachsen auch in Deutschland. Immer mehr Start-ups erkennen das Potenzial eines veränderten Fleischkonsums und erobern mit ihren Innovationen im Foodsektor die Börsen.

Der mentale Kipppunkt ist längst erreicht, das öffentliche Bewusstsein hat sich mit Corona und den Hochwassern im Sommer 2021 gedreht. Eine Mehrheit der Bürgerinnen und Bürger lehnt ein Wirtschaftssystem ab, das einseitig auf Effizienz, Wachstumssteigerung und Egoismus ausgerichtet ist und keine Rücksicht auf Menschen und Umwelt nimmt. Eine stille, mächtige Revolution findet vor unserer Haustür statt. Unternehmen und Industrien müssen sich ethisch legitimieren. Die neuen Währungen sind Vertrauen, Bindungen und Zugehörigkeit. Ökologie wird ganzheitlich und betrifft nicht nur Umwelt- und Klimaschutz. Themen wie Lebensqualität, Nachbarschaft, Heimat, Gemeinsinn und Zusammenhalt sowie globale wie lokale Solidarität gehören jetzt zur Ökologie dazu. Der ökologische Wertewandel von unten verändert das globale Wirtschaftssystem radikal. Aus reinen Konsumenten werden selbstbewusste und verantwortliche Verbraucher. So unterstützt eine große Mehrheit der Verbraucher den Beschluss der EU, Wegwerfprodukte aus Plastik zu verbieten.[135] Der Kreislaufwirtschaft gehört die Zukunft. Ihr Ziel ist insbesondere die Verlängerung der Nutzungsdauer und die Entwicklung langlebiger Güter und Geschäftsmodelle.

## Flexitarier und Fleischersatzprodukte erobern die Welt

Stärker und schneller ist der Bewusstseinswandel bei Ernährung und Lebensmitteln. Wie es gehen kann, zeigt beispielsweise Japan. Der Tagesverbrauch an Kalorien liegt dort mit 2.000 deutlich unter den 3.500 Kalorien, welche die Bewohner anderer Industriestaaten im Durchschnitt jeden Tag verbrauchen. Das japanische Essen ist vollwertiger und abwechslungsreicher, Übergewicht und andere Zivilisationskrankheiten sind daher seltener. Ein weiterer Trend wird den Wandel beschleunigen: Die Nachfrage nach Fleischersatzprodukten ist enorm gestiegen und wird weiterwachsen. 2040 werden die Ersatzprodukte einen Anteil von mehr als 60 Prozent am gesamten Fleischmarkt ausmachen, 2050 könnten nahezu alle Fleischprodukte vegan hergestellt werden. Deutschland als größter Markt für vegane Produkte profitiert doppelt: ökologisch und ökonomisch. Vegane Produkte sind besser für Umwelt, Klima und Gesundheit. Auch deshalb geben über 80 Prozent der Deutschen in Umfragen an, sich für eine gesunde Ernährung zu interessieren. Nach einem UN-Bericht würde die Reduktion des Fleischkonsums in den Industrienationen um etwa 40 Prozent schon ausreichen, um den Agrarsektor klimatechnisch weitgehend zu sanieren. Mehr als 80 Prozent der weltweiten Ackerflächen werden derzeit für die Produktion von Fleisch und Milch verwendet, liefern aber nur 18 Prozent der Kalorien, die Menschen zu sich nehmen. Wie wäre es mit diesem Deal: »40 Prozent weniger Fleisch, dafür besseres und nicht billiges«? Immer mehr wären dabei, weil sie ohnehin immer weniger tierisches Fleisch konsumieren. Mehr als die Hälfte der Deutschen bezeichnen sich heute als »Flexitarier«: Fleischesser, die gelegentlich bewusst auf Fleisch verzichten. Bei immer mehr Bauern und Verbrauchern setzt sich die Erkenntnis durch, dass der Trend zum Billigfleisch so nicht weitergehen kann. Auch, weil der Fleischkonsum immer weiter zurückgeht. Der Bewusstseinswandel ist längst im Gang. Die Flexitarier sind der derzeit mächtigste Ernährungstrend. Die Mehrheit der Deutschen (42 Millionen) verzichtet heute bereits an mindestens drei Tagen die Woche auf Fleisch. Zwei Drittel von ihnen sind Frauen. Damit werden neben Gabel und Messer auch Teller zu den schärfsten Waffen gegen den Klimawandel. Der Fleischkonsum wird lange vor 2050 seinen Gipfel (Peak) erreichen. In den USA und Europa wird er spätestens 2035 an seinen Höhepunkt ankommen. Der Markt für globale Proteine wächst indes kontinuierlich. Der ökologische Nebeneffekt: Die Klimabilanz fällt bei veganen Fleischersatzprodukten und gezüchtetem Fleisch erheblich besser aus. Beide verbrauchen weniger Fläche und Wasser. Bis 2035 lassen sich dadurch mehr als eine Gigatonne $CO_2$ einsparen, etwa soviel, wie ganz Japan pro Jahr erzeugt.[136]

Die Chancen für die Agrar- und Landwirtschaft sind beträchtlich. Vegane Lebensmittel, sauberes und tierfreundlich produziertes Fleisch sind im Trend. Der Markt für Fleisch- und Milchersatzprodukte wächst aktuell so schnell wie kein anderer. Bis 2050 wird sich der globale Markt verzehnfachen. Bereits in zehn Jahren wird der Höhepunkt des Verbrauchs von Kuhmilch in Deutschland erreicht sein und durch Pflanzendrinks wie Hafer ersetzt.

Die Bürgerinnen und Bürger sind heute bereit, mehr Geld für gesunde, tiergerechte und umweltfreundliche Lebensmittel auszugeben. Weltweit boomen Food-Start-ups. Immer mehr Risikokapital fließt in die Gründerszene. Das Credo der neuen Öko-Optimisten: »Ernährung kann die Welt retten!« Die meisten Gründer im Foodbereich sind Millennials und Angehörige der Generation Z. Ihre Innovationen führen dazu, dass sich ökologische und industrielle Agrar- und Landwirtschaft in Zukunft annähern. Die ökologische Landwirtschaft wird effizienter, die industrielle Agrarwirtschaft nachhaltiger. Beide werden vielfältiger und regionaler, die Konsumenten werden bewusster und ernähren sich gesünder. Die Landwirtschaft wird zum Treiber der Ernährungswende. Es geht um einen Mix aus großindustriellen Techniken zur Verarbeitung von Lebensmitteln und kleinen, flexiblen und regionalen Produktionseinheiten. Eine Studie des Karlsruher Fraunhofer-Instituts für System- und Innovationsforschung (ISI) hat Zukunftstrends untersucht, die den größten Einfluss auf das Foodsystem der kommenden 20 Jahre haben werden. Thema sind Innovationen bei Verbrauchern, Produzenten und Technologien. Die Forscher setzen auf Verbraucherseite auf die zunehmende Organisation von regionalen Lebensmittelnetzwerken (Local food circles), zivilgesellschaftliche Ernährungsräte und »Foodsharing«, auf der Produzentenseite auf den Trend zum Fleischersatz durch »alternative Proteine«. Vegane Fleischersatzprodukte sind im Trend. An der Börse waren sie der Hype in 2019. Der Umsatz von nachhaltigen Produkten steigt. Die Anzahl der Personen, die beim Kauf darauf achten, dass Produkte aus fairem Handel stammen, hat sich seit 2012 von elf auf 16 Millionen erhöht.[137]

## Eine neue grüne Revolution in der Landwirtschaft

Fast ein Drittel des aktuellen Nahrungsmittelverbrauchs von 54 Millionen Tonnen, mehr als 18 Millionen Tonnen Lebensmittel, landen pro Jahr in Deutschland im Müll, schätzt der WWF in seiner Studie »Das große Wegschmeißen«. Die beiden zentralen Foodtrends, der Klimawandel und die Lebensmittelverschwendung, lassen sich nur mit einer öko-industriellen Landwirtschaft bekämpfen, die auf die Intelligenz von Maschinen und Menschen setzt. Statt auf irrationale Ängste und eine übersteigerte Moral zu setzen, geht es um eine Balance aus Ökologie und Ökonomie. Die postfossile Sanierung unseres Planeten braucht eine progressive Landwirtschaft und eine gesellschaftliche Mehrheit, die sie unterstützt. Klimaschutz, Ernährung und Artenvielfalt gehören zusammen und müssen zum Alltagsprojekt aller Akteure werden. Moderne Landwirtschaft kann Dinge zusammenfügen, die tatsächlich zusammengehören, auch wenn sie auf den ersten Blick nicht unvereinbar erscheinen. Ökologie und Ökonomie. Natur und Technik. Land und Stadt. So setzen sich in den großen Städten neue Produktionsformen wie Aqua Farming, »Vertical and Urban Farming« durch.

Technologisch geht es in Zukunft um das Thema Präzisionslandwirtschaft (Precision Farming) mit Feldrobotern und Drohnen zur Schädlingsbekämpfung sowie um gentechnisch veränderte Lebensmittel (nutrigenomics) und Blockchain-Technologien und den Einsatz von Künstlicher Intelligenz (KI). Eine moderne, hitzeresistente Pflanzenzüchtung führt zu mehr Erträgen und weniger Pflanzenschutzmitteln. Die nächste biotechnische Revolution hat längst begonnen. Verfahren wie CRISPR/CAS ermöglichen es Pflanzen zu züchten, die weniger Ressourcen benötigen und zu einer nachhaltigeren Landwirtschaft beitragen. Mit Hilfe von modernen Pflanzenzüchtungen und grüner Gentechnik liefern Getreide- und Reissorten mehr Ertrag bei erheblich reduziertem Wasser- und Düngerverbrauch. Während in Deutschland moderne Pflanzenzüchtung wie CRISPR/CAS als riskanter und unkontrollierbarer Eingriff in die Natur kritisiert wird, profitiert davon vor allem Afrika, das von den Folgen der Klimaerwärmung besonders betroffen ist. Diese neuen Züchtungen sind gegen Hitze und Wassermangel resistenter. Doch gegen die pauschale Kritik von Umweltorganisationen regt sich wissenschaftlicher Widerstand. So fordern die Nationale Akademie der Wissenschaften Leopoldina und der Ethik-Rat der Max-Planck-Gesellschaft eine Anpassung der europäischen Gesetzgebung und eine wissensbasierte Regulierung von genom-editierten Pflanzen.

Ein Drittel aller produzierten Lebensmittel wird nicht konsumiert. KI kann die Verschwendung von Lebensmitteln verringern, wenn die Nachfrage bereits im Vorfeld bekannt ist. Supermärkte können die richtige Menge der benötigten Lebensmittel zum genauen Zeitpunkt bereitstellen. Die Kreislaufwirtschaft wird auch in der Landwirtschaft zu einer Revolution führen. Dank moderner Technik und erneuerbarer Energien werden wir Bananen und andere Südfrüchte im globalen Norden ernten und Meeresfische in den Städten züchten können. Aus Energie wird Nahrung, die Erde wird zur Batterie. Der Energieverbrauch muss nicht sinken, wenn die Energie im Kreislauf genutzt wird.

Die Transformation hin zu einer klimaneutralen Welt braucht neben einer Änderung unseres Verhaltens und dem längst stattfindenden Wandel des öffentlichen Bewusstseins eine neue Geschichte des menschlichen Fortschritts. Der Kapitalismus hat nur als sozialer und ökologischer eine Berechtigung. Auf ähnliche Weise, wie seine Zähmung durch die Arbeiterbewegung des 19. und 20. Jahrhunderts gelungen ist, wird eine neue Bewegung den künftigen Kapitalismus verändern und weiterentwickeln. Ihr Träger ist die größte Jugendbewegung aller Zeiten, die erste »globale Generation«.[138] Die wesentlichen Akteure des Wandels hin zu einer neuen Weltgemeinschaft sind die heute 15- bis 25-Jährigen. Die Mentalität der Generationen Y und Z unterscheidet sich in einem Punkt von der Einstellung älterer Generationen: Sie wollen arbeiten, um zu leben und nicht leben, um zu arbeiten. Und sie wollen auch in Zukunft noch etwas von ihrem Leben haben. Anders als frühere Generationen vor ihr gehen die Jüngeren heute ein Bündnis mit der Wissenschaft ein und setzen auf Fakten und Emotionen.

# Die Generation Global und der neue Kapitalismus

Die stille Revolution hat längst begonnen. Eine neue Generation von Kosmopoliten verändert das materialistische Wirtschafts- und Gesellschaftssystem und stellt die globalen Themen vor die eigenen. Für die jüngere Generation sind Nachhaltigkeit und gleiche Rechte für alle die wichtigsten Themen. Der gesellschaftliche Nutzen und die Frage nach dem Sinn der eigenen Tätigkeit wird wichtiger. Internationalen Befragungen zufolge sehen sich mehr als die Hälfte der jungen Menschen eher als Weltbürger denn als Bürger nur des eigenen Landes. Die Heimat ist zunehmend der Planet Erde.[139] Initiativen wie Fridays for Future und Black Lives Matter stehen für Millionen junger Menschen und einen Kampf für eine bessere Zukunft. Zum ersten Mal seit den Achtundsechzigern macht sich eine Generation daran, die Welt zu retten. Was einige wenige Millionen gegen Hunderte von Millionen, wenn nicht Milliarden Menschen ausrichten können? Die Harvard-Politologin Erica Chenoweth hat gemeinsam mit Maria J. Stephan eine überraschende Grundregel für den Erfolg von Protestbewegungen aufgestellt: Sobald sich nur 3,5 Prozent einer Bevölkerung in einer liberalen Gesellschaft aktiv an Protesten beteiligen und sich langfristig engagieren, ändert sich die Politik dieser Gesellschaft grundlegend. Gewaltfreie Proteste seien mehr als doppelt so effektiv wie gewaltvolle Ausschreitungen.[140] In Deutschland wären dies drei Millionen Menschen.

Im Unterschied zu früheren Protestbewegungen geht es ihnen nicht um ein Aufbegehren gegen die eigenen Eltern oder Zwänge, sondern um eine planetare Revolution und wissenschaftliche Wahrheiten. Daher ist die Wissenschaft ihr bester Verbündeter. Kurz vor dem Klimagipfel im April 2021 wandten sich mehr als

100 Nobelpreisträger in einem Brief an die Gipfelteilnehmer und forderten sie zu einem entschlossenen Klimaschutz auf. Die neue globale Jugendbewegung ist nicht per se gegen Marktwirtschaft und Unternehmen, solange sie nachhaltig und ethisch korrekt produzieren und sich verhalten. Instrumente ihrer Vernetzung sind nicht die Parteien, sondern die sozialen Medien, Plattformen und Apps. Als »Digital Natives« nutzen sie die neuen Technologien für Kampagnen und Protestformen. Im Unterschied zur Generation Y hat die jüngere Generation Z ihren Sinn gefunden: Sie will den Planeten retten und das möglichst schnell. Ihre Agenda ist die »Wende«: Energie, Agrar, Verkehr, Ressourcen. Das Freiheitsverständnis der neuen Generation Global löst Hegels und Engels »Freiheit ist die Einsicht in die Notwendigkeit« ab und erweitert sie um den Faktor Zeit: »Freiheit ist die Einsicht in die Nachhaltigkeit«. Der neue ökologische Imperativ lautet: »Handle so, dass das Überleben der Menschheit von Dauer ist und auch von dir selbst abhängt«. Dieser Imperativ erobert zunehmend auch Wirtschaft und Unternehmen.

## Der neue Kapitalismus ist ökologisch und sozial

Die Vorstellung, dass die Unternehmen in Zukunft primär nicht auf Prinzipien wie Profit und Effizienz, sondern auf Werten wie Nachhaltigkeit und Ethik basieren, mag für viele utopisch klingen. Der Trend hin zu einem gemeinwohl- und mitarbeiterorientierten Unternehmertum ist jedoch unverkennbar. Im zweiten Kapitel habe ich die Beteiligung der Mitarbeiter am Vermögen der Unternehmen und der Wirtschaft als zentrales Instrument einer neuen Sozialen Marktwirtschaft beschrieben. Der Klimawandel macht ihre Weiterentwicklung hin zu einer öko-sozialen Marktwirtschaft notwendig, eine nachhaltige Form des Kapitalismus. Die Zahl der Unternehmen und Unternehmer, die eine neue Balance aus Gewinn und Gemeinwohl und einen ambitionierten Klimaschutz anstreben, wächst stündlich. Umwelt, Soziales und gute Unternehmensführung werden als Ziele für die Wirtschaft verbindlich. Zu den bekanntesten Köpfen des neuen Kapitalismus gehört Blackrock-Chef Laurence D. Fink. Die jährlichen Briefe des Gründers und CEO des weltgrößten Vermögensverwalters sind längst berühmt und berüchtigt. Immer mehr Unternehmen und Branchen folgen seinen Warnungen und Appellen und ziehen sich aus Kapitalanlagen, die als nicht nachhaltig gelten zurück, und wollen lange vor 2040 klimaneutral wirtschaften. Für den früheren Siemens-CEO Joe Kaeser gibt es neben den Interessen der Stakeholder, Investoren und Aktionären und dem eigenen Mitarbeiter inzwischen einen neuen Akteur: die Bürger. Diese stellen andere Ansprüche und Erwartungen an die Wirtschaft als die Börse: es geht um Klimaneutralität, ethisches Verhalten, nachhaltige Lieferketten, Anti-Diskriminierung und Anti-Rassismus sowie die Gleichstellung der Geschlechter – Werte, die vor allem bei den Jüngeren hoch im Kurs stehen.

Der neue ökologische Kapitalismus kann nicht nur eine bessere Welt schaffen, sondern uns auch wohlhabender machen und dafür sorgen, dass es gerechter zugeht als im alten Kapitalismus. Es geht um Gewinne und Jobs. Mutige Maßnahmen für den Klimaschutz erhöhen die globalen Unternehmensgewinne um 26 Billionen US-Dollar jährlich und könnten in den nächsten zwölf Jahren 65 Millionen Jobs weltweit schaffen.[141] Wesentlicher Faktor des Fortschritts ist der Sektor der Umwelttechnologien. Dem »Green-Tech-Atlas 2021« des Bundesumweltministeriums zufolge betrug das Marktvolumen dieses Sektors im Jahr 2020 mit rund 4.600 Milliarden Euro weltweit 400 Milliarden Euro mehr, als noch vor fünf Jahren vorhergesagt worden waren. Bis 2030 wird bei einem jährlichen Jahreswachstum von 7,3 Prozent eine Verdopplung auf 9.400 Milliarden Euro erwartet. Für Deutschland sieht es noch besser aus. Das erwartete Jahreswachstum beträgt im selben Zeitraum 8,1 Prozent, der Umsatz steigt von heute 392 auf dann 856 Milliarden Euro. Die grünen Technologien machen heute bereits 15 Prozent der gesamten deutschen Wirtschaftsleistung aus, damit ist Deutschland global führende Green-Tech-Nation. Die Coronapandemie wird die Entwicklung der grünen Technologien weiter beschleunigen, da viele Konjunkturprogramme erhebliche Investitionen in den Klimaschutz vorsehen. Konkret geht es um sieben Leitmärkte, die in den nächsten Jahrzehnten zum Booster der blauen Revolution werden: Energieeffizienz, Erzeugung, Speicherung und Verteilung von Energie, Mobilität, Wasserwirtschaft, Rohstoff- und Materialeffizienz, Kreislaufwirtschaft und Agrar- und Forstwirtschaft.

Zur Wachstumsbremse wird dagegen der teure Strompreis. Deutsche Verbraucher zahlen über 50 Prozent mehr als ihre europäischen Nachbarn, die Industrie sogar 60 Prozent mehr als die umliegenden Wettbewerber. Ökologisch intelligenter und sozial gerechter wäre die Abschaffung des Strompreises und seine Ersetzung durch ein globales, notfalls allein europäisches Preismodell wie eine $CO_2$-Steuer. Vor Ausbruch der Coronapandemie forderten 28 US-Nobelpreisträger und mehr als 2.000 US-Volkswirte aus beiden politischen Lagern, Republikaner wie Demokraten, eine $CO_2$-Steuer und -Dividende. Die USA und China, die zusammen für mehr als 45 Prozent der gesamten weltweiten $CO_2$-Emissionen stehen, haben bislang keine solche Steuer eingeführt. Die EU sollte im Rahmen ihres »Green New Deal« das Ziel der Dekarbonisierung der europäischen Wirtschaft bis spätestens 2050 (somit innerhalb einer Generation) umsetzen. Dafür müssen jährlich Hunderte von Milliarden Euro allein in Europa investiert werden.

Ein möglichst hoher $CO_2$-Preis ist das effektivste und effizienteste Mittel, um das globale Ziel der Klimaneutralität noch vor 2050 zu erreichen.[142] Deutschland hat wie viele andere Länder in Europa zum 1. Januar 2021 bereits eine solche Steuer auf den Ausstoß von $CO_2$ eingeführt. Der Preis für eine Tonne $CO_2$ soll zunächst 25 Euro betragen und bis 2025 schrittweise auf bis zu 55 Euro steigen. Das ist zu wenig. Um die Wirtschaft klimaneutral umzugestalten, braucht es einen $CO_2$-Preis von 80 bis 130 Euro. Internationale Hedgefonds wetten längst auf einen Preis oberhalb von 100 Euro. Ziel muss eine europäische und möglichst hohe $CO_2$-Steuer sein, verbunden mit finanziellen Anreizen in Form einer Dividende für alle Bürger. Um die Energie-, Verkehrs-, Finanz-, Agrarwende zum Erfolg zu führen und wieder wettbewerbsfähig zu werden, sollten Deutschland und die Europäische Union Vorreiter werden und eine gemeinsame $CO_2$- Steuer und Klimadividende für die Bürger einführen.

Doch wie lassen sich die von einer Tonne verursachten Kosten berechnen? Das Umweltbundesamt geht auf der Basis internationaler Studien davon aus, dass eine heute emittierte Tonne $CO_2$ über 100 Jahre nachwirkt und dabei 640 Euro an Kosten in den nächsten 100 Jahren verursacht.[143] Wenn die Verursacher voll für den Schaden aufkommen müssten, wäre im Nullzinsumfeld daher 640 Euro pro Tonne das angemessene Niveau der $CO_2$ -Steuer. Ein Beispiel: Ein Auto mit Verbrennungsmotor stößt ungefähr zwei Tonnen $CO_2$ im Jahr aus. Bei 40 Euro pro Tonne sind das 80 Euro, bei 180 pro Tonne 360 Euro, bei 640 pro Tonne wären es 1280 Euro Zusatzkosten. Je höher die Steuer, desto rascher wird der Umstieg auf Fahrrad, Bus, Bahn und Elektroauto gelingen, desto besser für das Klima. Würde Deutschland heute eine Steuer von 180 Euro pro Tonne $CO_2$ einführen, könnte der Staat mit jährlichen Zusatzeinnahmen von fast 140 Milliarden Euro rechnen. Bei 640 Euro pro Tonne wären das knapp 500 Milliarden Euro insgesamt. Zum Vergleich: In diesem Jahr (2021) dürfte die wichtigste staatliche Einnahmequelle, die Einkommenssteuer, 340 Milliarden erreichen, die Umsatzsteuer 240 Milliarden. Hierdurch steigen dann die Preise von Verbrauchsgütern. Die $CO_2$-Steuereinnahmen sollten daher als Klima-Dividende, unabhängig vom individuellen Verbrauch, auf pro Kopf-Basis an die Bürger zurückerstattet, oder – noch besser – auf Basis des erwarteten durchschnittlichen Verbrauchs in Deutschland von zehn Tonnen $CO_2$ pro Kopf ausgeschüttet werden. Wer weniger $CO_2$-Emissionen verursacht als der Durchschnitt, auf dessen Basis die Dividende ausgeschüttet wird, gewinnt, wer überdurchschnittlich $CO_2$ ausstößt, zahlt drauf. Allgemein wirken $CO_2$-Steuern eher regressiv, sodass ab höheren Einkommen ein geringerer Steuersatz anfällt. Dadurch werden jedoch ärmere Haushalte überproportional belastet und auf diese Weise die ungleichmäßige Einkommensverteilung im Lande verschärft. Hier könnte eine Prämie helfen: Wer ärmer ist, bekommt mehr ausbezahlt, am besten jeden Monat. Parallel dazu könnten Steuern und Abgaben auf den Faktor Arbeit reduziert werden. Nicht Arbeit, sondern klimaschädliches Verhalten würde besteuert.

Beim $CO_2$-Preis geht es jedoch nicht um die klassische Erzielung von Steuereinnahmen, im Gegenteil. Gerade weil der Preis so hoch ist, schafft er sich irgendwann selbst ab, nämlich dann, wenn kein $CO_2$ mehr emittiert wird. Eine EU-weite $CO_2$-Steuer könnte den Wettbewerb um die Ansiedlung $CO_2$-intensiver Unternehmen von vornherein verhindern. Durch einen $CO_2$-Ausgleichszoll würden Produkte verteuert, die in Ländern außerhalb der EU ohne Rücksicht auf Klimafolgen hergestellt und hier billig angeboten werden. Die EU ist der weltgrößte Binnenmarkt. Mit einem effizienten $CO_2$-Preis könnte Europa Vorreiter beim Klimaschutz werden, gleichzeitig aber auch die Grundlage für zukunftsfähige Firmen und Arbeitsplätze schaffen und international wettbewerbsfähig bleiben.

Genug Investoren stehen für die kommende blaue Revolution bereit. Billionen Dollar suchen heute neue Investitionsmöglichkeiten, weil fossile Energien zum Anlagerisiko werden. Allein in den nächsten vier Jahren wird es zu Bewertungs- und Vermögensverlusten in Höhe von 1,6 bis 2,3 Billionen Dollar kommen, prognostiziert die Investoreninitiative *Principles for Responsible Investment* (PRI). Zu den Verlierern werden vor allem Öl- und Gasindustrie und Rindfleischproduzenten gehören. Während Unternehmen, die sich nachhaltiger aufstellen, profitieren können: Der Kapitalismus wird zur größten Klimaschutzbewegung überhaupt. Die Organisation *Climate Action 100+* ist ein 2019 gegründetes Bündnis aus mehr als 370 Finanzdienstleistern, darunter Unternehmen wie die Allianz, Axa, Deutsche Bank, HSBC und UBS. Zum größten Pool an Investoren werden mit mehr als 40 Billionen US-Dollar Pensionsfonds. In Europa sorgte Norwegen im Jahr 2018 für ein Beben, als das Land bekannt gab, seinen Staatsfonds aus allen Öl- und Gasproduzenten abzuziehen. In Deutschland wird insbesondere von den Parteien CDU und Grüne ein Staatsfonds vorgeschlagen, der nicht nur in Klimaprojekte, sondern auch in kommunale Infrastruktur, Verkehr, Mobilität und Digitalisierung investiert. Der politische Vorteil: ein solcher Fonds würde nicht gegen die grundgesetzlich garantierte Schuldenbremse verstoßen. Nicht nur die Bundesebene, auch die Bundesländer könnten solche Fonds, grüne Anleihen, ausgeben, beispielsweise über die KfW und die Sparkassen. Der Kampf gegen den Klimawandel wird so zum Projekt der Glokalisierung. In der Ökonomie des grünen Kapitalismus geht es um die Nutzung von Netzwerken und um dezentrale Kooperationen. Trendsetter und -gewinner sind zunehmend grüne Start-ups. Jedes fünfte Start-up ist inzwischen grün und leistet einen konkreten Beitrag zum Umwelt- und Klimaschutz.

## Die neuen sozialen Kapitalisten

Der neue Kapitalismus ist sozial verantwortlicher als der alte. Die jüngeren Generationen fordern ein Investment, das sich an den Kriterien von Umwelt- und sozialen Standards sowie verantwortlicher Unternehmensführung orientiert. Unter den Start-ups und Neugründungen sind immer mehr Sozialunternehmen. Unter ihnen sind die meisten jünger als 35 Jahre und treten in die Fußstapfen von Friedrich Wilhelm Raiffeisen und Adolph Kolping. Die neuen sozialen Kapitalisten wollen nicht mehr nur Probleme lindern, sie wollen ihre Ursachen lösen. Allein in Deutschland gibt es mehr als 100.000 sozialer Unternehmen mit mehr als 150.000 Sozialunternehmern. Die Ökonomie des Teilens ist weltweit auf dem Vormarsch und wird durch die digitale Vernetzung beschleunigt. Auf virtuellen Tauschbörsen wie Vinted oder Nebenan treffen sich Millionen soziale Konsumenten.

Immer mehr Unternehmen verpflichten sich soziale Menschenrechte in ihren Liefer- und Wertschöpfungsketten zu beachten und die Teilhabe der Menschen in und außerhalb ihres Umfeldes zu fördern. Und immer mehr Unternehmer fordern höhere Spitzen- und Vermögenssteuern, um soziale Ungleichheit zu bekämpfen. In der Coronapandemie gründete sich die Initiative »Millionäre für Menschlichkeit« und forderten sofortige, substanzielle und dauerhafte Steuererhöhungen.[144] In den USA hat sich 2020 die Gruppe der »Patriotic Millionaires« mit mehr als 200 Mitgliedern und – für das Land – vergleichbar progressiven und sozialstaatlichen Zielen gegründet. In Zukunft ist es also patriotisch und sozial, wenn sich alle Unternehmen verpflichten, »Arbeit für alle« weltweit zu ermöglichen. Unternehmen, die hier einen größeren Beitrag leisten als andere, zahlen künftig weniger Steuern und Abgaben als jene, die das nicht tun. Für börsennotierte Unternehmen wird es zum neuen Normal, sich sozial zu verhalten und Beschäftigung und

Teilhabe zu fördern. Der Druck wird insbesondere bei Investoren und Fondsgesellschaften massiv steigen. Auch, weil in der Coronakrise Wirtschaft und Gesellschaft gleichzeitig betroffen waren: Arbeitnehmer, Verbraucher, Zulieferer und Aktionäre. Aktienanleger werden Firmen nach ESG-Kriterien (Umwelt, soziale Verantwortung und gute Unternehmensführung) bewerten. Der Trend ist eindeutig: Es sind die nichtfinanziellen Aspekte des Erfolgs, welche die Bonität und Investitionsfähigkeit eines Unternehmens nachhaltig beeinflussen. Produkte und Dienstleistungen, die unethisch oder unsozial hergestellt sind oder angeboten werden, werden zum »No-Go«. Ähnlich wie die Entwicklung präziser Messgeräte zum Erfolg der ersten industriellen Revolution beitrug, werden bessere Möglichkeiten der Quantifizierung der ESG-Kriterien einen öko-sozialen Kapitalismus befördern. Steigende Preise für Ressourcen, Erdöl und Gas beschleunigen die Entwicklung hin zu Ressourceneffizienz und Umweltverträglichkeit.

## Share and Care:
## Die neue Kultur des Teilens und Kümmerns

Paradigmatisch für die Entwicklung eines verantwortlichen Kapitalismus steht das Phänomen der »Sharing Economy«, eine neue Kultur des Teilens und Tauschens. Ihre Grundprinzipien lauten: Nutzen ist wichtiger als Besitzen, Zugang ist wichtiger als Eigentum und Geld spielt eine kleinere Rolle als Leistung, Wissen oder Kreativität. Im Kern geht es um das Prinzip »Share and Care«, den Tausch von Ressourcen und Dingen als Alternative zum Modus des Konsumierens und Geldmaximierens. Der US-Ökonom und Bestseller-Autor Jeremy Rifkin brachte den Trend bereits 2000 in seinem Buch *Access* auf den Punkt: »Die Ära des Eigentums geht zu Ende, das Zeitalter des Zugangs beginnt.« Das neue Medium Internet hat diese neue ökonomische Philosophie seitdem erheblich befördert und beschleunigt. »Wachstum« wird dabei umdefiniert zu einem Mix aus Ökonomie, Ökologie und sozialem Engagement.

Die Sharing Economy ist kein temporäres Trendphänomen. Mit den zunehmenden digitalen Vernetzungsmöglichkeiten wird sie sich weiter entfalten und verbreiten. Die Generation der Digital Natives ist bereits zu zwei Dritteln als »Sharer« aktiv. Diese Generation steht für eine neue Netzwerk-Mentalität. Dabei verlieren materielle Werte an Relevanz als Messinstrument von Reichtum, während eine neue Währung immer wichtiger wird: Vertrauen. Wachstum wird dabei umdefiniert: als Kombination aus Ökonomie, Ökologie und sozialem Engagement. An der Sharing Economy beteiligen sich die Menschen aber nicht nur aus ethischen oder moralischen Gründen, sondern oft auch aus pragmatischen Motiven. Die Verbindung aus Partizipation und Konsum entfaltet enorme ökonomische Potenziale wie die Branchen Tourismus (Airbnb), Mobilität (Carsharing) und Lebensmittel (Foodsharing) zeigen. Dabei entstehen neue Organisationskategorien und -mindsets: »For-benefit« als gleichwertige Alternative zu For-Profit und Non-Profit. Das Ziel solcher For-Benefit-Unternehmen ist es nicht, das beste Unternehmen in der Welt, sondern für die Welt zu sein. Das Erzielen von Profiten erfolgt zunehmend partizipativ und unter Einbindung von Communities. Der traditionelle »Return on Investment«, ein Fokus auf reine Kapitalrendite, wird abgelöst von einem neuen »Social Return on Investment«. Statt um reine Gewinnmaximierung geht es um die Frage, wie sozial faires und ökologisch korrektes Gestalten und Weiterentwickeln gewährleistet werden kann. Um Sharing-Modelle attraktiver zu machen, braucht es neben mehr Öffentlichkeit Anreize wie Steuererleichterungen, Ökolabels und eine stärkere Verpflichtung, Produkte langlebiger zu machen. Wenn wir in Zukunft Produkte leasen statt zu kaufen, sie also mieten, haben die

Hersteller ein größeres Interesse, in die Qualität und Langlebigkeit ihrer Produkte zu investieren. Wir werden als Kunden länger an die Marke gebunden.

Die Strukturform der neuen Kapitalisten ist das Netzwerk. Die nächste Gesellschaft setzt weniger auf das Modell eines singulären denn eines umfassenden Fortschritts. Umso wichtiger werden interdisziplinäre, integrative Verknüpfungskompetenzen: intelligente Verbindungen von Wertschöpfungsprozessen und Akteuren sowie hybride Lösungen, die Leistungen und Services auf neue Weise verbinden. Treiber der Entwicklung ist die Suche nach dem Sinnhaften und der Wille zu selbstwirksamem und selbstermächtigtem Handeln. Die Netzwerke können temporär bestehen oder sich dauerhaft etablieren, sie führen zu Kooperationen, in denen sich Vertrauen bildet. Die daraus entstehende gesellschaftliche Resilienz stärkt das Funktionieren von Staat und Markt. Diese neue eher konnektive Gesellschaftsstruktur meint *sowohl* Selbstsorge *als auch* kollektives Engagement, *sowohl* Selbstorganisation *als auch* die Orientierung an vorgegebenen Community-Regeln, *sowohl* Gemeinnützigkeit *als auch* Konsum und politische Partizipation. Vernetztes und ganzheitliches Denken und Handeln können die Grundlage bilden für die Weiterentwicklung des traditionellen sozialen Sektors zu einer neuen, zukunfts- und komplexitätsaffinen Form: dem »Vierten Sektor«, der die Bereiche Staat, Wirtschaft und Zivilgesellschaft integriert. Dieser wäre ganzheitlich aufgestellt und bildete damit die Schnittmenge der drei Bereiche Staat, Wirtschaft und Gesellschaft. Der vierte Sektor ist die neue Zivilgesellschaft. Voraussetzung ist, dass sich alle drei Bereiche öffnen, Vorbehalte abbauen und das neue Mindset der Konnektivität, Nachhaltigkeit und Solidarität umsetzen.

# Das Ende
# der Knappheit

Die Kritik an einem nicht nachhaltigen Wirtschaftswachstum ist nicht neu. Ständiges Wirtschaftswachstum führe zu einem Ende der Ressourcen, verursache wachsende Müllberge und verschmutze den Planeten. Die Kritik an der Globalisierung fällt einer saturierten Wohlstandsgesellschaft leichter. Globalisierungskritik verkauft sich in einem Land, das von offenen Grenzen und freiem Handel profitiert wie kaum ein anderes, aber ansonsten in Ruhe gelassen will, besonders gut. Die Abschottung von Märkten und Grenzen ist aber keine verantwortliche Antwort, die Ursachen für das Elend dieser Welt ist auch nicht allein und in erster Linie der westliche Lebensstil.

Der prognostizierte Untergang ist hierzulande, spätestens seit der Club of Rome vor 45 Jahren *Die Grenzen des Wachstums* veröffentlichte, zum Allgemeinplatz geworden. Seine Kernthese – bei fortschreitendem Bevölkerungs- und Wirtschaftswachstum bricht die Weltwirtschaft noch vor dem Jahr 2100 zusammen, weil Rohstoffe und Nahrung knapp werden und die Umwelt verwüstet ist – basiert auf Annahmen, die inzwischen längst widerlegt sind. Entgegen der Prognosen des Club of Rome gingen das Gold nicht innerhalb von 29 Jahren, Kupfer und Erdöl innerhalb von 50 Jahren und Aluminium innerhalb von 55 Jahren aus.[145] Heute sind die bekannten globalen Goldreserven allein um 400 Prozent größer als im Jahr 1972, und auch Kupfer, Aluminium und Erdöl gehen uns noch lange nicht aus. Wie ist es zu erklären, dass sich so viele kluge Köpfe derart irren konnten über einen vergleichsweise überschaubaren Zeitraum von wenigen Jahrzehnten? Die Erklärung ist simpel: Die Forscher haben das Potenzial der Entkopplung von Wirtschaftswachstum und Ressourcenverbrauch sowie der Dematerialisierung und der Suche nach neuen Reserven vollkommen falsch eingeschätzt. Die Wissenschaftler haben die Rechnung ohne Kapitalismus und technologischen Fortschritt gemacht. Für Milliarden Menschen in Asien und Afrika ist der Aufstieg aus Armut an wirtschaftliches Wachstum gekoppelt. Statt das Wachstum auf null herunterzufahren, gilt es den Ressourcenverbrauch auf null zu reduzieren. Eine »Zero-Waste«-Ökonomie ist früher möglich als die Kritiker des (grünen) Kapitalismus glauben.

## Zero Waste: Eine Welt ohne Müll

Allein in Deutschland fallen jährlich über 350 Millionen Tonnen Abfälle an. Das bedeutet eine gigantische Verschwendung von Rohstoffen und natürlichen Ressourcen. Aus Abfällen müssen Ressourcen werden. Aus Wirtschaft wird Kreislaufwirtschaft: ein System, das weder verschwendet noch verschmutzt, das Produkte und Stoffe in Verwendung hält und das grüne Kapital unserer Ökosysteme wieder aufbaut. Wir wissen heute, dass Abfallvermeidung und neue Geschäftsmodelle Müll bis zu 50 Prozent reduzieren können und eine Recyclingquote von 90 Prozent möglich ist. In einer Zero-Waste-Gesellschaft bleibt der Wert von Materialien und Produkten in einer Gesellschaft und wird dort immer wieder verwendet. Das Einsparpotenzial einer effizienten Nutzung von Rohstoffen ist gewaltig. Allein für Deutschland beträgt es jährlich 80 Millionen Tonnen weniger Material, 75 Milliarden kWh weniger Strom und 60 Millionen Tonnen weniger $CO_2$.[146] Grünes Wachstum wird zum Klimaretter und zum Jobmotor. Berechnungen zufolge wird sich die Anzahl der Beschäftigten in Umwelttechnikbranchen in den nächsten Jahren von auf 2,4 Millionen fast verdoppeln.[147]

Die Entkopplung von Bevölkerungs- und Wirtschaftswachstum und Ressourcenverbrauch findet in vielen Bereichen statt. Etliche Staaten und Städte sind auf dem Weg in die Zero-Waste-Zukunft.

Die slowenische Hauptstadt Ljubljana ist dank weniger und besser recycelbaren und kompostierbaren Mülls die erste europäische Zero-Waste-Hauptstadt Europas. Inzwischen gibt es ein Netzwerk europäischer Städte, die sich dem Ziel verpflichtet haben (www. zerowastecities.eu). Die Zukunft gehört dem ressourcenschonenden Wachstum. Das europäische Ziel einer weitgehenden Entkopplung (Decoupling) von Umweltverbrauch und Wirtschaftswachstum führt zu Effizienzlösungen, die mehr Wirtschaftswachstum und weniger Energieverbrauch bedeuten. Der deutsche Energieverbrauch ist in den letzten 15 Jahren trotz Wachstum kaum gestiegen. Vor allem die Umstellung auf eine ressourcenschonende Wirtschaft wird zu einer Neuordnung der Wertschöpfungsketten führen. Die Umstellung auf erneuerbare Energieträger bietet der Wirtschaft enorme Chancen. Wasserstoff und Brennstoffzellen spielen dabei eine zentrale Rolle und gehören zu den Schlüsseltechnologien des 21. Jahrhunderts. Schätzungen zufolge könnten europäische Unternehmen schon 2030 Umsätze von bis zu 65 Milliarden Euro in Europa und weiteren ca. 65 Milliarden Euro weltweit im Bereich Wasserstoff und Brennstoffzellen erzielen.[148] Europa wird zum Vorreiter und seinen Strom zu 100 Prozent aus erneuerbaren Quellen beziehen. Gleichzeitig wird die Stromversorgung digitaler, dezentraler und intelligenter. Digitalisierung und Künstliche Intelligenz lösen eine Nachhaltigkeits-Revolution aus. Digitalisierung, Dekarbonisierung und Dematerialisierung gehen Hand in Hand.

## Die Kreislaufwirtschaft ersetzt das Verschwendungsprinzip

Der digitale und technologische Fortschritt befördert den Trend zu einer stärker dematerialisierten Wirtschaft. Den »Peak Stuff«, den Höhepunkt des Verbrauchs von Ressourcen, haben viele Länder bereits erreicht. Ganz vorne dabei, für viele überraschend, sind die USA. So lag der US-Gesamtverbrauch an Stahl im Jahr 2015 (dem letzten Jahr, für das Daten vorliegen) 15 Prozent unter seinem Maximum von 2000. Bei Aluminium waren es 32 Prozent, bei Kupfer 40 Prozent weniger.[149] Das wirtschaftliche Wachstum dagegen stieg parallel enorm weiter. Ähnlich sieht es in der Landwirtschaft aus: Der Verbrauch von Kunstdünger und die Menge des eingesetzten Wassers sanken um fast 25 Prozent seit 1999 bzw. um 22 Prozent seit 1984.[150] Auch in Europa gehen die Zahlen zurück und zeigen, dass es möglich ist, mit weniger Material auszukommen und dennoch ökonomisch zu wachsen. In der EU hat der Konsum von Biomasse, Mineralien, Metallen und fossilen Energien seit 2000 um sechs Prozent abgenommen und die reale Wirtschaftsleistung hat sich gleichzeitig um 30 Prozent erhöht.[151] Der Verbrauch von Energie, Wasser, Müll, Papier, Zement und Fleisch sinkt kontinuierlich. Auch weil Ressourcen heute effizienter eingesetzt werden als früher.

Dematerialisierung bedeutet weniger Ressourcenverbrauch und mehr Wohlstand, weil die Wertschöpfung bei einer stärker geistigen Arbeitsgesellschaft höherwertig sein wird. Die Digitalisierung ermöglicht zudem einen Einsparfaktor von zehn und mehr beim Ressourcenverbrauch. Ein Smartphone beinhaltet heute eine Reihe von Geräten in einem: Diktiergerät, Stoppuhr, Wecker, Kamera, Gesundheitsanwendungen. Mit digitaler Unterstützung werden in etlichen Industrien 3-D-Druckverfahren Häuser, menschliche Herzen und sogar Motoren besser und billiger produzieren. Beim 3-D-Druck entsteht fast kein Abfall, sodass das Verfahren weitgehend ressourcenschonend abläuft. 3-D führt somit zu einer erheblichen Reduzierung der Materialverschwendung. Ein gutes Beispiel ist der Tübinger Impfstoffhersteller CureVac. Das Unternehmen kooperiert mit Tesla-Grohmann bei der Produktion von

sogenannten Mini-Fabriken (RNA-Printern), kleinen Produktionseinheiten, die global und flexibel in Krankenhäusern eingesetzt
werden, um vor Ort RNA-basierte Arzneimittel leichter herstellen
zu können. Der Einsatz der Technologie wird zunehmend für die
Massenfertigung interessant, mit der Folge, dass das Insourcing in-
tensiviert wird: Einzelteile werden statt von Zulieferern im Ausland
am Ort der Produktion hergestellt. Die Produktion wird dadurch
*günstiger* (geringerer Verbrauch von Materialien und weniger Trans-
portkosten), *schneller* (Transportwege werden reduziert) und *flexibler* (einfachere Berücksichtigung von Besonderheiten vor Ort). Effizienz und Resilienz sind dann kein Widerspruch mehr, sondern
bedingen sich. Im Unterschied zum linearen »Wegwerf-Kapitalis-
mus« zielt eine Kreislaufwirtschaft darauf ab, Güter und Rohstoffe
möglichst lange Zeit im Wirtschaftssystem zu halten und wieder-
zuverwerten. Besonders groß ist das Potenzial, wenn das Recycling bereits bei der Produktentwicklung mitgedacht wird. Wir vermeiden so unnötigen Müll bereits im Frühstadium. Schuhe, Sitze,
Kleidung – es gibt kaum ein Produkt, das nicht kompostierbar ist.
Die Philosophie des »cradle to cradle« setzt auf eine umfassende
Kreislaufwirtschaft. Der Erfinder, der deutsche Ökopionier Michael
Braungart, ist optimistisch, dass die Kreislaufwirtschaft bis 2050
die lineare Verschwendungswirtschaft ersetzt. Die alte Philosophie
des Verbrauchens, Verbrennens und Vergrabens wird durch eine
neue grüne Philosophie ersetzt: Reduce, Reuse und Recycle (Reduzieren, Wiederverwenden, Recyclen).

Ressourceneffizienz und Recycling sind nicht nur aus ökologischen, sondern auch aus geopolitischen Gründen sinnvoll. Die
EU will die Kreislaufwirtschaft zum zentralen Baustein ihres Co-
ronaaufbaufonds machen, um unabhängiger von Rohstoffen und
Vorprodukten aus Drittstaaten zu werden. Jährlich bezahlt die EU

fast 800 Milliarden Euro für den Import von Öl, Kohle, seltenen Erden und anderen Rohstoffen, das ist 50 Prozent mehr als die USA. Europa ist zu abhängig geworden von Rohstoffimporten aus autoritären und fragilen Staaten. Es braucht nur eine Pandemie, politische Krise oder eine regionale Naturkatastrophe, um die Produktion wichtiger Güter lahmzulegen. Insbesondere bei medizinischen Gütern, Pharmazie und Computer-Chips will Europa souveräner und unabhängiger werden. Das Potenzial für eine ressourceneffiziente Kreislaufwirtschaft ist enorm. In Deutschland stammen nur gut zehn Prozent der Produktionsmittel aus recycelten Materialien. Der Anteil müsste jedoch bei mindestens 50 Prozent liegen, damit sich die Erde wieder regenerieren kann. Es ist daher richtig, dass eine EU-Initiative ab 2030 nur noch kreislauffähige Produkte zulassen will. Ergänzt wird das neue Ziel durch ein Recht auf Reparatur und ein Verbot, unverkaufte und noch haltbare Produkte zu zerstören, weil es billiger ist als sie erneut in den Markt zu bringen. Die Nachhaltigkeit von Produkten wie Smartphones und Notebooks ist das Ziel. Reparaturen haben ein großes Potenzial für Ressourcenverwertung und Klimaschutz, Kreislaufwirtschaft und Ressourceneffizienz fördern auch den sozialen Zusammenhalt. Gesellschaften, die sich dem Ziel einer ressourceneffizienten Zero-Waste-Zukunft verpflichtet haben, weisen auch eine höhere Quote lokalen bürgerschaftlichen Engagements auf.

## Europa wird zur ökologischen Supermacht

Europa ist heute die attraktivste Region der Welt. Für Touristen, Talente und Investoren. »Welfare and Wellbeing« (Wohlfahrt und Wohlergehen) ist das europäische Erfolgsmodell. Europa kann die Herausforderung der Dekarbonisierung zu einer neuen nachhaltigen Zukunftspolitik in diesem Jahrhundert verbinden. Der 2020 gestartete Green New Deal soll Europa ökonomisch wettbewerbsfähig und ökologisch nachhaltig machen. Es geht um dezentrale Energienetze, autonome und energieeffiziente Fahrzeuge und eine neue Kreislauf- und Wasserstoffwirtschaft. Vor 15 Jahren hat der US-Ökonom Jeremy Rifkin das Entstehen eines Europäischen Traums prognostiziert. Wir haben es heute in der Hand, diesen Traum Wirklichkeit werden zu lassen: Europa als »best place to be« – freier als China, solidarischer als die USA und nachhaltiger als beide Supermächte.

## Der Klimawandel entscheidet sich in den großen Städten

Europa kann den Albtraum der Klimakatastrophe verhindern. Der im Jahr 2019 ausgerufene »Klimanotstand« ist eine historische Zäsur und markiert den Start einer neuen europäischen Wohlstandsgeschichte. Immer mehr Länder und Städte rufen ihn aus. Die Folgen des Klimawandels zwingen vor allem die Städte zur drastischen Anpassung. Und das nicht nur im Süden der Welt, in den Entwicklungs- und Schwellenländern. Fast 80 Prozent der 520 größten Städte weltweit werden einen extremen Klimawandel erleben, in einem Fünftel der globalen Megastädte werden Temperaturen herrschen, die es bisher in keiner Großstadt gibt, prognostiziert eine Studie der ETH Zürich. Bis 2050 könnten demnach die durchschnittlichen Temperaturen in Europas Städten um bis zu vier Grad im Sommer und um fünf Grad im Winter ansteigen. Berlin wird zu Madrid, London zu Barcelona, Wien zu Istanbul und Madrid zu Marrakesch. Weltweit leben immer mehr Menschen in Städten und urbanen Ballungsgebieten, bald 80 Prozent der Bevölkerung. Dieses Wachstum wird weiter zunehmen. Deshalb entscheidet sich die globale Klimakrise in den Megacitys. Der Klimawandel hat urbane Ursachen und globale Folgen: Städte sind für beinahe die Hälfte der globalen Treibhausgasemissionen verantwortlich, die urbanen Infrastrukturen verbrauchen etwa 70 Prozent der weltweiten Energie. Vor allem die globalen Megacitys fühlen sich durch den Klimawandel bedroht. Sie sind motivierter, das globale Problem zu lösen, weil sie schneller und empfindlicher unter ihm leiden. Neun von zehn Städten weltweit liegen an einem Gewässer (Meer, See, Fluss), 14 der 17 größten Städte liegen direkt an der Küste. Großstädte wie Mumbai und Miami können in diesem Jahrhundert in steigenden Meeren versinken. Aber nicht nur am Wasser, auch auf dem Land sind Leben und Lebensqualität bedroht. Mit drastischen Worten beschreibt Sadiq Khan, der Bürgermeister der englischen Hauptstadt, die Lage: »Die Luft in London ist ein Killer«. Die schlechte Luftqualität sei heute das größte Umwelt- und Gesundheitsrisiko für die Bevölkerung.

Die Städte wehren und vernetzen sich und nehmen ihr Schicksal selbst in die Hand. In den USA ist dem Ausstieg Donald Trumps aus dem globalen Klimaabkommen keine Stadt gefolgt. Staaten wie Kalifornien betreiben längst eine eigene Klimapolitik. Spätestens 2045 will der bevölkerungsreichste Einzelstaat klimaneutral sein. Der von Kalifornien gegründeten US-Klima-Allianz gehören inzwischen 14 Bundesstaaten an. Die Bürgermeister von London, Paris, Los Angeles, Kopenhagen, Barcelona, Mexico-Stadt und Mailand haben sich dazu verpflichtet, ab 2025 nur noch Elektrobusse zu kaufen. Bis 2030 wollen sie weitgehend emissionsfrei sein. Wie sich die Energiewende mit einer steigenden urbanen Lebensqualität koppeln lässt, zeigen vor allem die Städte des europäischen Nordens. So haben Kopenhagen und Amsterdam den Autoverkehr in den vergangenen Jahren massiv reduziert. Ihr Beispiel zeigt: Gibt es attraktive Radwege, steigen die Bürger aufs Fahrrad um. Mit erheblichen Folgen für die Gesundheit: Wer täglich Fahrrad fährt, erhöht seine Lebenserwartung, wer dagegen täglich mit dem Auto zur Arbeit fährt, stirbt früher. In Österreich wurde die Initiative »Zero Emission Cities« gegründet. Wien ist seit Jahren beim Thema Lebensqualität global führend und gilt bei Wohnen und Mobilität als Vorbild für die Metropolen von morgen. Auf einer App bekommen die Wiener Bürger angezeigt, wie viel $CO_2$ sie durch die Nutzung des öffentlichen Nahverkehrs gespart haben. 2020 hat die Stadt das Projekt »Kultur-Token« gestartet: Mit einer App werden die Bürger spielerisch zu klimaschonendem Verhalten animiert. Die Wiener können dann Punkte sammeln, wenn sie zu Fuß gehen oder das Rad oder die Öffentlichen benutzen. Diese »Tokens« können in Kultureinrichtungen der Stadt eingelöst werden.

Um die große Erhitzung zu stoppen, müssen die Städte grüner und kühler werden. Trends wie »Urban Farming« weisen den Weg: Die Landwirtschaft wird zunehmend zur Stadtwirtschaft. Die Frage nach der Ernährung einer wachsenden Weltbevölkerung wird auch in den urbanen Räumen beantwortet. Kleine, hocheffiziente Gewächshäuser können wir in den Kellern von Hoch- oder in Parkhäusern betreiben. Mehr Landwirtschaft in den Städten sorgt für besseres städtisches Klima, mehr Artenvielfalt und eine nachhaltigere Stadtentwicklung. Dabei kommt es entscheidend auf eine nachhaltige Architektur an. Viele Gebäude sind nicht gerüstet für die zunehmende Hitze. Die Nachverdichtung der Städte muss klimaverträglicher werden, das Berufsbild der Architekten verändert sich. Es geht um eine Balance aus »höher, enger, dichter« und »offener, kühler und grüner«. Die Städte müssen in den nächsten Jahren klimaresistenter werden – durch Strom aus erneuerbaren Energiequellen, nachhaltigem Bauen, mehr Grünflächen, städtischer und regionaler Landwirtschaft. Beide Räume, Stadt und Land, werden sich stärker vernetzen und neue Verbindungen eingehen. Die Klimakrise führt damit auch zu einer Aufwertung des ländlichen Raums. Europa wird die Daseinsvorsorge außerhalb der Metropolen ausbauen, Landwirtschaft wird einen weit größeren Beitrag zum Gelingen des Strukturwandels in den ländlichen Regionen leisten. Benachteiligte Regionen werden besonders gefördert durch Ansiedlungsprogramme und Investitionen in energieeffiziente und ressourcenarme Projekte.

Braucht es für die anstehende Transformation eine »Revolution von oben«, wie sie der Club of Rome fordert? Nein: Die Antwort auf den Klimawandel ist nicht der Klimanotstand, sondern die »Klimademokratie«. Der Kampf gegen die Klimakrise wird zum Projekt der Städte, ihrer Bürgermeister und Bürger. So setzt die Stadt Zürich auf eine breite Beteiligung der Bürger und Anreize, damit sich das Engagement auch auszahlt. Für den nötigen Wettbewerb der besten Ideen, das experimentelle Voneinander-Lernen und die Entfesselung der kollektiven Intelligenz könnten weltweit Städte-Olympiaden wie der »Climate City Cup« sorgen (www.climatecitycup.org). Die Klimawende braucht die Demokratie und ihre Bürgermeister (siehe Kapitel 5). Nachhaltiger und effizienter als Verzicht und Verbote von oben sind Anreize, Wettbewerbe und Innovationen. Wenn sehr wenige Menschen sehr viel entscheiden, sind beide bedroht: die Demokratie und das Klima. Der ökologische Fortschritt braucht in Zukunft mehr – und nicht weniger – Selbstbestimmung und Beteiligung, Kreativität und Kooperation, Demokratie und Freiheit. Das Versprechen des neuen Europäischen Traums geht weit über die ökologische Transformation der nächsten Jahrzehnte hinaus. Es geht um eine schönere und menschlichere Welt und ein besseres Leben.

## Mehr Lebensqualität, Freiheit und Sinn

Unser Wohlstand beruht künftig auf einem neuen Begriff von Wachstum jenseits des Bruttoinlandsprodukts (BIP). Ökonomische Vordenker wie Adam Smith, Karl Marx und John Stuart Mill waren weiter als wir. Ihr Begriff von Wachstum meinte im Kern die Steigerung der Wohlfahrt und bezog auch andere Faktoren und Werte ein. Das eindimensionale materielle Wachstumsverständnis wird abgelöst. Wirtschaften bedeutet mehr als Gewinnmaximierung. Es geht um Lebensqualität, Zusammenhalt, Freiheit und Sinn. Wachstum wandelt sich von einem Problem zur Lösung, von der wir alle und unsere Umwelt profitieren. Je mehr wir intelligent wachsen, desto nachhaltiger können wir leben. Auch weil andere Kenngrößen gesellschaftlichen Wohlstands zusammen gedacht werden: Zufriedenheit, Gesundheit, Bildung, Demokratie und eine intakte Umwelt. Lebensqualität und Enkeltauglichkeit werden in allen Branchen zu dominierenden Werten. Das übergeordnete Ziel ist die Humanisierung des Kapitals. Dabei werden Unternehmen zu Sinn- und Wertproduzenten, indem sie einen sozialen und ökologischen Mehrwert schaffen. Profitieren werden die Bereiche Ernährung, Lebensmittel, Tourismus, Wohnen und Kultur. Die europäischen Städte und Gemeinden können zu den gesündesten und glücklichsten auf der Welt und Europa zur smarten und solidarischen Macht werden, die ihren Beitrag für eine klimagerechte Weltgemeinschaft leistet. Das Leben der heute jungen Menschen wird weltweit im Jahr 2050 deutlich besser sein, auch weil die Demokratie auf dem Vormarsch ist.

# Die Demokratie gewinnt!

Zwischen Demokratie, gesellschaftlicher Partizipation und der Bündnisfähigkeit von Staaten besteht ein enger Zusammenhang. Schon Immanuel Kant wusste: Vollendete Demokratien führen keine Kriege untereinander, weil sie die Freiheit zur Entscheidung ihren Bürgern und nicht Despoten überlassen. Selbst Despotien wie China, Russland und der Iran werden in Zukunft demokratischer. Im Westen sollten wir vorangehen. Vollenden wir die Demokratie, indem wir sie zum Projekt aller machen!

Modern Democracies must be Everyday Democracies: they must be rooted in a culture in which democratic values and practices shape not just the formal sphere of politics, but the informal spheres of everyday life [...].

*Paul Skidmore und Kirsten Bound*[152]

# 5
# Die Welt wird demokratischer

Zu den wichtigsten Bedingungen der in diesem Buch beschriebenen globalen Fortschritte gehören Demokratie und Freiheit. Zum ersten Mal in der Geschichte der Menschheit lebt die Mehrheit der globalen Bevölkerung formell in einer Demokratie. Wird sich Demokratie als Regierungs- und Lebensform auch in Zukunft durchsetzen oder werden Populismus und Autoritarismus in der Post-Corona-Welt zunehmen? Dieses Kapitel kommt zu einem optimistischen Ergebnis: Bürgernahes Regieren und politische Freiheitsrechte sind weltweit im Trend – selbst in autoritären Gesellschaften. Im neuen globalen Wettbewerb der Systeme wird die Welt demokratischer.

Erleben wir mehr als 200 Jahre nach dem Beginn der modernen Demokratie in diesem Jahrhundert ihr Ende? Bedeutet das von Francis Fukuyama im Jahr 1992 ausgerufene *Ende der Geschichte* das Ende der Demokratie, weil Diktaturen und autoritäre Systeme Krisen besser und schneller bewältigen? Wer gewinnt die Zukunft? Klimawandel und Pandemien sind für die Kritiker der Demokratie der Beweis, dass autoritäre Systeme wie Autokratien und Diktaturen effizienter und effektiver sind. Viele sehen China als den Gewinner der Post-Corona-Welt und glauben, dass die Demokratien zu langsam sind, um im 21. Jahrhundert mit den Autokratien konkurrieren zu können. Laut dem Demokratieindex 2020 des britischen Wirtschaftsmagazins *Economist* hat sich der globale Index mit der Pandemie leicht verschlechtert.[153] Nur etwa die Hälfte der Menschheit lebt heute in einer Demokratie. Der Index misst fünf Faktoren: Wahlprozess und Pluralismus, bürgerliche Freiheiten, das Funktionieren der Regierung, politische Partizipation und politische Kultur. Die Länder werden in vier Kategorien eingeteilt: vollständige Demokratie, fehlerhafte Demokratie, hybrides Regime oder autoritäres Regime. Von 167 Ländern verschlechterten sich seit der Pandemie 116, das sind fast 70 Prozent der untersuchten Länder. China ist die weltweit größte Autokratie. Vier von fünf Menschen, die in einem autokratischen System leben, leben in China.

»Mehr Diktatur wagen« überschrieb der deutsche Autor Thomas Brussig seinen Gastbeitrag in der *Süddeutschen Zeitung*, der Anfang 2020 erschien. 30 Jahre nach dem Fall der Mauer ist die Systemfrage wieder da. Vor unserer Haustür betreibt Ungarn, Mitgliedsstaat der Europäischen Union, den Umbau des Landes in eine Diktatur. Bis auf Weiteres wurden nach Ausbruch der Coronapandemie Wahlen ausgesetzt und die Wirtschaft unter Kriegsrecht gestellt. Corona war die Stunde der Despoten auf der Welt. Die Coronakrise erwies sich aber auch als die Stunde der demokratisch legitimierten Politik, denn sie offenbarte auch eine fundamentale Schwäche, die allen Diktaturen gemein ist: Ihre politische Intransparenz führt zur Vertuschung aus Angst vor den Machthabern. Autoritäre Systeme wie China, Russland und der Iran stehen für Propaganda und Desinformation. Früh warnte die Weltgesundheitsorganisation nach dem Ausbruch der Pandemie vor einer »Infodemie«, einer Politik der Desinformation und Verunsicherung der Bevölkerung durch

Falschmeldungen. Die chinesischen Ärzte, die das Virus Ende 2019 entdeckten, wurden anfangs von der staatlichen Gesundheitsbehörde eingeschüchtert, wodurch kostbare Zeit verloren ging.

Diktaturen sind nicht besser darin, globale Katastrophen wie eine Pandemie zu bekämpfen. Zu diesem Ergebnis kommt auch der australische Thinktank *Lowy*, der Daten aus 98 Ländern miteinander verglich. Danach erzielten wirklich gute Ergebnisse Neuseeland, Vietnam und Taiwan – allesamt demokratische Staaten. Wenig überraschend ist auch der Befund, wonach kleinere Länder die Pandemie besser in den Griff bekamen als große. Hybridsysteme, eine Mischung aus demokratischen und autoritären Systemen, wie beispielsweise Ungarn oder Brasilien, schnitten dabei fast die ganze Zeit der Pandemie schlecht ab. Die weltweite Krise zeigt deutlich: Politische Unfreiheit und Angst sind die größten globalen Risiken. In Demokratien – selbst in schlecht regierten – sterben weniger Menschen, schrieb der *Economist* zu Beginn der Coronapandemie.[154] Demokratien tragen zum weltweiten Frieden und Wohlstand bei. Die Kriege zwischen den Staaten sind seit 1945 weltweit zurückgegangen. In Ländern, in denen Frieden herrscht, ist das Pro-Kopf-Wirtschaftswachstum zwischen 1945 und 2005 dreimal höher ausgefallen als in jenen, in denen dies nicht der Fall war, so eine Studie des australischen Thinktanks *Institute for Economics and Peace*. Allein in den vergangenen zehn Jahren habe sich der Unterschied auf den Faktor sieben erhöht. In einer friedlichen Welt werden aus Migranten Touristen. Ein Großteil der Migration findet noch wegen bewaffneter Konflikte statt. Positive Nachrichten erreichen uns aus der internationalen Werteforschung. Daten des World Values Survey, für das seit mehr als 40 Jahren bis zu 150.000 in 95 Ländern befragt werden, in denen 90 Prozent der Weltbevölkerung leben, sind ermutigend. In fast allen Regionen der Welt finden emanzipative Werte wie Gleichberechtigung der Geschlechter, persönliche Entscheidungsfreiheit, Meinungsfreiheit und politische Mitwirkungsrechte zunehmend stärkere Beachtung.[155] Dieser Trend stimmt zuversichtlich, dass die Demokratie als Regierungs- und Lebensform über autoritäre und hybride Systeme siegen wird. Die Fortschritte sind selbst in undemokratischen Ländern enorm. So wurde die westliche MeToo-Bewegung in China zunächst verboten, konnte sich aber dennoch durchsetzen. Im Gottesstaat Iran wurde die Internetkampagne »Meine heimliche Freiheit« zum Erfolg. Iranische Frauen veröffentlichen dort Fotos von sich ohne Kopftuch, obwohl dies im Land strafbar ist. Autokratien und Despotismus können überwunden werden. Viel wird auch davon abhängen, ob Europa zum Vorbild wird und mehr globale Verantwortung übernimmt. Es muss uns gelingen, die Demokratie und damit Politik, Wirtschaft und Gesellschaft von innen heraus zu reformieren und weiter zu vollenden. Zum Lackmustest wird, ob und wie wir die weitere Ausbreitung autokratischer Regime verhindern können.

## Die Seuche des Despotismus

Despotismus ist das gefährlichste Virus unserer Zeit.[156] Gegen Despotien und Diktaturen helfen keine Impfstoffe und auch keine Kriege. Die Seuche kann nur mit freiheitlichen Institutionen und Menschenrechten für alle bekämpft und bezwungen werden. 30 Jahre nach dem Fall der Mauer und dem Ende des Ost-West-Konflikts ist das Modell der Demokratie nicht mehr alternativlos. Das Mantra des US-Politikwissenschaftlers Francis Fukuyama vom »Ende der Geschichte« hat sich als Irrtum entpuppt. Mit dem Fall der Mauer und dem Zusammenbruch begann nicht der ungebremste

Siegeszug der liberalen Demokratie und der grenzenlose Zukunftsoptimismus. Im Gegenteil: Heute glauben nur wenige Europäerinnen und Europäer und noch weniger US-Amerikanerinnen und US-Amerikaner, dass die Zukunft eine bessere Version der Gegenwart ist. Weil die real existierende Demokratie ihr Versprechen des größtmöglichen Glücks für die größtmögliche Zahl der Menschen nicht eingelöst hat, wählten in den vergangenen zehn Jahren viele den Weg in eine neue Unfreiheit. Die Führer auf diesem Weg sind die neuen Despoten, Narzissten und Neurotiker – die zukunftslosen Zyniker.

An der Spitze der neuen Despoten standen bislang unangefochten Donald Trump und Xi Jinping. Der 2020 abgewählte US-Präsident und das chinesische Staatsoberhaupt verkörpern die beiden Typologien der neuen Despotie in diesem Jahrhundert: demokratische und diktatorische. Zu den *demokratischen Despotien* gehören neben den USA mit Trump auch Ungarn mit Viktor Orbán, Brasilien mit Jair Bolsonaro, die Türkei mit Recep Tayyip Erdoğan und – in einer schwächeren Version – Großbritannien mit Boris Johnson. Frankreich (mit Marine Le Pen) und Italien (mit Giorgia Meloni) könnten den Club schon bald vervollständigen. Das Lager der *diktatorischen Despotien* besteht aus China mit Xi Jinping, Russland mit Wladimir Putin, Nordkorea mit Kim Jong-un und Belarus mit Aljaksandr Lukaschenko. Nicht zu vergessen Kriegsdespoten wie Baschar al-Assad. Oder auch die Maduros, Morales und Ortegas: Linkspopulisten, die sich als Autoritäre erweisen, wenn sie in die Ecke gedrängt werden. Unter Xi wandelt sich China von einem Einparteiensystem zu einer autoritären Despotie mit messianischen Zügen. In der Post-Corona-Welt wird Xi zum neuen Führer der globalen Despoten.

Als die Referenzgestalt des alten weißen Traums vom »großartigen Amerika« inszenierte sich Donald Trump. Der *Trumpismus* wird Donald Trump überleben. Er bleibt vor allem für viele konservative Christen und Christinnen attraktiv, die sich als am meisten verfolgte Gruppe in den USA wähnen. Sie sind anfällig für Beschützer-Typen, die keine Rücksicht mehr auf andere nehmen. Für die neuen Despoten und ihre Anhängerinnen und Anhänger geht es um die Existenz ihrer Identität und Glaubenssätze.

Für die neuen Despoten wird die Lüge zur eigenen, verqueren Wahrheit. Und zu einer Form von Authentizität: Sie werden von ihren Anhängerinnen und Anhängern geschätzt, weil sie sehr erfolgreiche Propaganda inszenieren, in der die Lüge als legitimes Mittel im Kampf mit dem politischen Gegner anerkannt wird. Dabei werden gesellschaftliche Konstanten, die in der modernen Gesellschaft Allgemeingültigkeit hatten, zertrümmert: balancierte Rechtsstaatlichkeit, »Checks and Balances«, Vertrauen in die Wissenschaft, ein konstruktiver Zukunftsbegriff. Ins Zentrum rückt ein affektiver Mythos, die ewige amerikanische Größe. Damit arbeiten die meisten neuen Despoten: nostalgische Überhöhung, Realitätsverweigerung, Selbstbeweihräucherung. Man könnte diese Strategie auch als einen Vergangenheitsfuror bezeichnen. Die Frustration über den Verlust alter Ideale wird in Wut auf »die Anderen« umgeformt. Dabei werden kollektive, letztlich stammesartige Affekte genutzt und geschürt. Der Mob. Die Wut. Die Masse.

## Die Strategien der Despoten

Die neuen Despoten haben mehr Gemeinsamkeiten als Gegensätze. Sie geben sich überparteilich und wenden sich gegen die traditionellen Eliten und Parteien. Es kommt daher auch zu ungewöhnlichen Kooperationen. So wurde Trumps Präsidentschaftskandidatur von führenden russischen Politikern unterstützt, und auch russische Medien arbeiteten zugunsten von Trump. Auch der US-Geheimdienst warf Russland vor, mit einer Kampagne den

Herausforderer Trumps, den heutigen Präsidenten Joe Biden, schaden zu wollen. Nach dem republikanischen Wahlsieg im Jahr 2016 halfen russische Bots nach Recherchen des Netzwerkes »Europe's Far Right« Le Pen in Frankreich und der AfD in Deutschland. Denn die neuen Despoten haben einen gemeinsamen Feind: die liberale Demokratie und ihr Projekt der Globalisierung. Deshalb setzen sie nicht auf globale, sondern auf protektionistische Lösungen und verfolgen eine Strategie des sozialen Nationalismus. Ihre Utopie ist die Retropie: eine homogene und harmonische Gesellschaft ohne Migration und Vielfalt.

Den Erfolg dieser Nationalisten mit dem Buzzword »Populismus« zu erklären, wäre unterkomplex. Die neuen Despotien sind widerstandsfähiger, als wir denken, schreibt der US-amerikanische Politikwissenschaftler John Keane in seinem Buch *The New Despotism*. Weil dauerhafte politische Stabilität nie nur auf Gewalt gestützt sein kann, sondern einer Idee bedarf, geht der Code der neuen Despoten über Macht und Gewalt hinaus. Ihre fünf Strategien lauten: Delegitimierung, Dämonisierung, Diskontinuität, Identitätspolitik und digitale Propaganda. Erstens: *Delegitimierung*. Despoten sind autoritäre Politiker mit vier Verhaltensmerkmalen:[157] Sie lehnen demokratische Regeln wie Wahlen ab, verleugnen die Legitimität des politischen Gegners, tolerieren oder ermutigen Gewalt gegen den Gegner und beschneiden die politischen Freiheiten ihrer Kritiker. Zweitens: *Dämonisierung und Viktimisierung*. Despoten brauchen Anhänger mit Frustrationshintergrund, die sie als Opfer der liberalen Moderne und ihrer Formen des Säkularismus, des Humanismus und des Multikulturalismus ansprechen können. Erst der gemeinsam geteilte Opferstatus schafft die neue kulturelle Solidarität. Trump vermittelt seinen Wählern täglich, dass die alten Regeln etwas für Verlierer sind. Der moderne Despot ist ein Narzisst, der eine Masse an Narzissten braucht. Drittens: *Diskontinui-*

*tät und Messianismus.* Für ihre Anhänger sind die neuen Despoten Erlöser, die sie aus der Gefangenschaft oder von bösen Mächten befreien. Die neuen Despoten verändern das Verhältnis zwischen Religion und Politik zugunsten der ersteren. So hoffen beispielsweise weiße christliche Nationalisten, dass Trump sie aus dem von den kulturellen Eliten dominierten amerikanischen Babylon befreit. Der Glaube, dass sie ein Reich Gottes auf Erden errichten müssen, ist unter seinen Anhängern weit verbreitet. Auch Russland unter Putin setzt auf einen Staat mit messianischer Sendung, in der sich die russisch-orthodoxe Kirche zur faktischen Staatskirche entwickelt hat. Die messianische Psychologie gibt auch den Schwachen das Gefühl, ein Teil von einem glorreichen Großen zu sein. In Europa setzt auch Ungarn unter Orbán auf eine »christliche, illiberale Demokratie«. Viertens: *Identitätspolitik und Anti-Elitismus.* Wie die Strategien der Viktimisierung und des Messianismus hat auch der Anti-Elitismus Wurzeln im Christentum. Auch Jesus machte sich über gelehrte Eliten wie die Pharisäer lustig und redete gegen die Reichen. In einer Predigt kehrte Jesus die soziale Hierarchie der Antike um, indem er versprach, dass die Ersten die Letzten in seinem Königreich sein sollten. Der Anti-Elitismus der neuen Despoten ist ein Kampf gegen die Political Correctness der elitär wirkenden Medien und eine Rebellion gegen den Verlust der eigenen Identität (»Man nimmt uns unser Land weg!«). Identitätspolitik ist ihr zentrales, gemeinsames Bindeglied. Boris Johnson unterstellte im Wahlkampf seinen Kritikern, diese wollten den Brexit generell verhindern und den klaren Willen des britischen Volkes durchkreuzen und erklärte seine Regierung zum Sprachrohr der Massen. Fünftens: *Digitale Propaganda.* Der Glaube an die Erlöser-Despoten geht einher mit dem Glauben an Verschwörungstheorien. Globalisierung und Modernisierung sind für die neuen Despoten verantwortlich für den weit verbreiteten Kontrollverlust. Mit der Schaffung von Parallelwelten wollen sie den Verlust überwinden. Die Idealbesetzung unter den Despoten ist hier Donald Trump. Seine Verschwörungstheorien zur Diskreditierung des politischen Gegners werden im Wahlkampf zunehmend abstrus. Dabei setzen die neuen Despoten auf Digitale Propaganda, IT und Algorithmen, mit deren Hilfe Negativschlagzeilen belohnt werden. Alternative Fakten sind für die Despoten und ihre Chefdenker effektiver als die echten, weil sie Verbundenheit und Gemeinschaft schaffen. Die Lüge besiegt die Wahrheit. Fake News werden so zu einer Rebellion gegen das verhasste System.

Die Coronapandemie wurde anfangs zu einem Katalysator dieser Prinzipien. So verkündete der innerhalb weniger Tage von COVID-19 genesene Donald Trump seinen Fans den Sieg über die »chinesische Grippe«. Die Weltgesundheitsorganisation (WHO) sprach zu Beginn der Pandemie schnell von einer Gefahr, die nachhaltiger und ernster ist als die Pandemie selbst: die »Infodemie« während der Coronapandemie. Gezielt eingesetzte Falschnachrichten bedrohen nicht nur die Gesundheit, sondern auch den gesellschaftlichen Zusammenhalt und sie stammen, das ist einer Untersuchung einer Taskforce des Europäischen Auswärtigen Dienstes (EAD) inzwischen bekannt, vor allem aus China und Russland. Die neuen Kriege werden weniger physisch denn psychisch geführt. Ziel der Angriffe ist unsere mentale Gesundheit – unsere soziale und emotionale Verfassung. Ein Impfstoff gegen die Infodemie der Despoten sowie gegen Plattformen und soziale Medien ist schwerer zu entwickeln als gegen COVID-19. Despoten sind Wirte, die sich von den Schwächen der Demokratie ernähren. Sie werden nicht einfach verschwinden. Vielmehr müssen wir sie vertreiben, indem wir ihr Virus vernichten: den Glauben an Unfreiheit, Ungleichheit und Spaltung sowie Sehnsucht nach der vermeintlich guten alten Zeit.

## Demokratien sterben keinen plötzlichen Tod

Schon die Philosophen und Vordenker der amerikanischen Verfassung, Charles-Louis de Montesquieu und Alexis de Tocqueville, warnten davor, dass sich die Mittelschichten für die Despotie entscheiden könnten, wenn sie sich von der politischen Klasse nicht mehr verstanden und abgehängt fühlen. Sucht die Politik den Fehler bei den Wählerinnen und Wählern und zieht sich selbst aus der Verantwortung, macht sie es nur noch schlimmer. Je mehr sich Bürgerinnen und Bürger von der Politik ignoriert oder vergessen fühlen, umso mehr ziehen sie sich zurück – und umso empfänglicher werden sie für Alternativen. »Demokratien sterben, wenn die Menschen nicht mehr daran glauben, dass das Wählen wichtig ist«, wie der Historiker Timothy Snyder in seinem Buch *Der Weg in die Unfreiheit* schreibt. Die Stärke der neuen Despoten ist vor allem die Schwäche der alten Demokraten. In einer »alternativlosen Demokratie« ist niemand verantwortlich, weil die Zukunft unausweichlich ist und keine Akteure oder Akteurinnen braucht. In der »neuen Despotie« ist niemand verantwortlich, weil die Regierung uns nur vor Bedrohungen und Feinden schützen kann. Beide, die alternativlose Demokratie wie die neue Despotie, schaffen die Zukunft ab. Der einzige Unterschied: Die Despoten schaffen die Demokratie offen ab. Despoten brauchen ängstliche Fans, die sich als Außenseiter und Verliererinnen und schweigende Mehrheit sehen. Denn so kalt und irrational ihre Verschwörungstheorien auch sein mögen, sie wärmen ihre Gläubigen.

Die Rebellion der Despoten kann nur durch demokratische Resilienz besiegt werden, die Widerstandsfähigkeit der Institutionen und Bürger. Die Antwort auf den Backlash der autoritären Despoten ist eine neue und breite Bewegung, basierend auf den jungen Generationen bei Fridays for Future, den Frauen in Belarus gegen Lukaschenko, den Städten in der Türkei gegen Erdoğan, einem

Bündnis in den USA aus Liberalen, Progressiven und Konservativen. Es geht um die Zukunftserzählung der neuen Aufklärung, die an die Stelle der despotischen Untergangserzählung tritt. Statt um Kulturkämpfe wie »Volk gegen Elite«, »Nationalismus gegen Globalisierung« und »Patriotismus gegen Vielfalt« geht es um den Kampf für die Zukunft. Die Waffe gegen die Despotie ist Bildung und Demokratie. Je gebildeter und aufgeklärter eine Gesellschaft ist, desto liberaler und engagierter kann sie sein. Die Zeichen der Zukunft stehen gut, dass wir mehr und nicht weniger Demokratie haben werden. Auch Staaten wie Russland und China werden ihren Bürgern mehr Möglichkeiten der Partizipation einräumen, wenn sie in Zukunft nicht auf Wohlstand und Wachstum verzichten wollen. Die Alternative wären anhaltende Bürgerkriege zwischen den Gewinnern und Verlierern des politischen Autoritarismus. China könnte, ähnlich wie Taiwan und Südkorea, eine demokratische Entwicklung erleben.

Demokratie ist mehr als eine Regierungsform, sie ist auch eine Lebensform. Dass sie täglich erneuert werden muss, wussten bereits die antiken Vordenker. Dass sie auch supranational in einem Verbund gleichberechtigter Staaten organisiert und verteidigt werden kann, ist uns erst seit Beginn moderner Politik bewusst. Die Europäische Union ist ein Staat *sui generis*, wie es das Bundesverfassungsgericht in seinem Maastricht-Urteil formuliert hat. Die EU ist weder ein Bundesstaat wie Deutschland noch ein Staatenbund wie die Vereinten Nationen. Bislang als einzige politische Organisation mit Staatscharakter hat die EU im Jahr 2012 den Friedensnobelpreis für ihren Einsatz für Frieden, Versöhnung, Demokratie und Menschenrechte bekommen. Der historische Zweck der EU ist das Versprechen, künftigen Generationen ein besseres Europa und eine bessere Zukunft zu ermöglichen. Die Memoiren von Jean Monnet, der zu den Wegbereitern der europäischen Einigung gehört, schließt mit den Worten: »Die souveränen Nationen der Vergangenheit sind kein geeigneter Rahmen mehr, um die Probleme von heute zu lösen. Und die (Europäische) Gemeinschaft selbst ist nur eine Etappe auf dem Weg zu den Organisationsformen von morgen.«[158] Vielleicht der wichtigste Beitrag der Europäischen Union zur neuen globalen Weltordnung liegt in dieser föderalistischen und kosmopolitischen Vision. Sie ist lokal wie global, Nation wie Union. Der politische Machtfaktor der EU ist ihre »Soft Power« – die Erkenntnis, dass mit militärischen Waffen den neuen und künftigen Herausforderungen und Krisen nicht beizukommen ist. Gegen Pandemien und den Klimawandel helfen keine Armeen und Raketen. Die Zukunft gehört dem Regierungs- und Lebensmodell, das aus Sicht aller Menschen auf der Welt das attraktivste ist. Als Soft Power bezeichnete der US-amerikanische Politikwissenschaftler Joseph S. Nye bereits kurz nach dem Fall der Mauer jene Macht, die sich aus der Anziehungskraft durch ein Handeln ableitet, das sich am Wohlergehen seiner Mitglieder ausrichtet. Das europäische Modell hat sich in der Pandemie als robuster, widerstandsfähiger und solidarischer erwiesen als seine Kritiker und Gegner vermutet haben. Während die USA auf das Modell »Wohlstand ohne Wohlfahrt« und China auf »Wohlstand gegen Wohlverhalten« setzen, heißt der europäische Weg »Wohlstand plus Wohlfühlen«. Europa entwickelt eine geopolitische Identität.

## Die Neugründung Europas

Kann Europa Krise? Die letzten vier großen Krisen der letzten 20 Jahre – Banken- und Eurokrise (2008–12), Ukrainekrise (2014/15), Migrationskrise (2015/16) und die atlantische Krise von Brexit bis

Trump – hat die EU nicht nur überstanden, sondern für die meisten Beobachter überraschend gut gemeistert. Europa besitzt ganz offensichtlich eine robuste Vitalität. Der große Vorteil der Union ist ihr Konstrukt: eine demokratisch verfasste Einheit, die nicht von einer Partei allein übernommen bzw. vereinnahmt werden kann. Damit ist Europa, zumindest was seine politischen Grundfesten betrifft, besser gegen Machtmissbrauch und Korruption gerüstet als jeder einzelne Nationalstaat, wie die Entwicklung vor allem in Ungarn zeigt. Skandale und Korruption werden auf europäischer Ebene schnell entdeckt und aufgeklärt.

Die Coronakrise ist für Europa eine politische und wirtschaftliche Zäsur. Unmittelbar nach Ausbruch der Pandemie sprach der Kolumnist der *New York Times* Thomas Friedman von einer historischen Weggabelung: die Welt »B. C. – Before Corona – and the world A. C. – After Corona«.[159] 2020 als das neue Jahr null. Während die USA und China mit allen Mitteln um die weltpolitische Deutungshoheit und Führung stritten, wartete Europa zunächst unentschlossen ab. China bekämpfte die Pandemie mit den Mitteln einer Diktatur: streng und kollektiv, die USA mit den Mitteln einer kapitalistischen Kriegswirtschaft: schnell und koste es, was es wolle. Europa wird aus der Krise gestärkt hervorgehen und sein Schicksal künftig selbst in die Hand nehmen müssen. Die EU, ein Verbund von 27 Demokratien, macht sich auf den Weg zur größten Soft Power der Welt: Ein Europa, das weiter und verantwortlicher in die Zukunft blickt als das alte.

»Europa« ist altgriechisch und bedeutet etwa »die mit der weiten Sicht«. Auch in Zukunft wird es darum gehen, sich bereits abzeichnende Probleme frühzeitig zu erkennen und entsprechend zu handeln, wie es Klimakrise und Coronapandemie bereits heute zeigen. Das kann gelingen, wenn wir die vom französischen Präsidenten Emmanuel Macron in seiner Rede an der Sorbonne im Jahr 2017 begonnene Debatte um die Zukunft der Europäischen Union zu einem Ergebnis bringen. Mit seiner Vision von einer Neugründung Europas hat sich Macron vor allem an Deutschland gewandt. Nicht mehr das Modell der Meritokratie, die Teilhabe auf Basis ökonomischer Wettbewerbsfähigkeit ermöglicht, soll das europäische Narrativ bestimmen. Es geht vielmehr um eine Neubegründung der EU aus den Bedürfnissen der Zukunft: Europa soll »souveräner, geeinter und demokratischer« werden – unabhängiger nach außen und abhängiger nach innen.[160] Ziel ist eine neue Balance von Souveränität, Demokratie und Subsidiarität. Europa wird in Zukunft größer und zugleich kleiner. »Größer« bei den globalen und »kleiner« bei den regionalen Fragen.

Dabei stehen vier Dimensionen europäischer Souveränität im Fokus der europäischen Neugründung: Erstens: *Souveräner und geeinter* wird Europa bei der Bekämpfung der globalen Herausforderungen: Migration, Armut, Terror, Klima und Digitalisierung. Europa wird größer und weiter denken müssen, wenn sich die USA militärisch aus dem Kontinent zurückziehen und Mächte wie China und Indien in den nächsten Jahren global stärker werden. »Souverän« führt vor allem, wer auf eine Politik des Ausgleichs setzt statt auf eine Politik der Alleingänge und Abgrenzungen. Die EU muss den nächsten Schritt gehen. Die Währungsunion ist ohne Fiskal-, Sozial- und Gesundheitsunion unvollständig. Dafür braucht die EU eigene Steuereinnahmen. Angesichts der neuen globalen Sicherheitslage gehört auch eine Verteidigungs- und Energieunion sowie eine europäische Entwicklungspolitik und Partnerschaft mit Afrika auf die Agenda. Zweitens: Die EU wird *demokratischer.* Ein Ausweg aus dem viel beklagten Demokratiedefizit wäre eine europäische Bürgerunion. Die Europäer wählen in Zukunft das Europäische Parlament nicht nur auf nationaler Ebene, sondern auch europaweit. Die erste Stimme geben sie auf staatlicher Ebene für nationale Parteien, die zweite Stimme für eine europäische Liste ab. Mit der Zweitstimme werden die Spitzenkandidaten für die Präsidentschaft der Europäischen Kommission gewählt. Die Souveränitätsrechte der nationalen Parlamente würden somit nicht eingeschränkt, sondern ergänzt. »Demokratischer« heißt auch föderaler. Die EU muss von unten durch eine Stärkung der Regionen, Städte und Kommunen ergänzt werden. Drittens: »Subsidiarität«, also Eigenverantwortlichkeit, ist die europäische Antwort auf die Globalisierung. In den Regionen, Städten und Gemeinden vor Ort entscheidet sich die Zukunft der Demokratie. Bürgermeister und Regionalpolitiker sind die Träger einer europäischen Bewegung für Inklusion, Umweltschutz und neue Mobilität. Die Antwort auf den globalen Kampf um die besten Ideen und Köpfe ist ein europäisches Netzwerk an Schul-, Städte- und Hochschulpartnerschaften. Viertens: Soft Power ist auch eine Frage der Emotionen. Ein gemeinsames Gefühl der Zugehörigkeit und Identität ist die stärkste Waffe gegen Zukunftspessimismus und Populismus. Beginnen sollte die Neugründung Europas daher mit der Jugend. Die jungen Europäer sind die besten Botschafter eines neu begründeten Europas. Für die Neugründung Europas brauchen wir einen neuen interkulturellen Austausch mit mehr Austausch, verpflichtenden Auslandsjahren von Schülern und einem Recht auf Mobilität etwa durch ein Interrail-Ticket.

## Globale Soft Power

Für ein solches Zukunftsprogramm braucht Europa ein neues Selbstverständnis: Führungsmacht nach außen und Friedensmacht nach innen – Imperium und Heimat gleichermaßen. Das europäische Modell des dienenden Führens und der wechselseitigen Abhängigkeit kann zum Vorbild für andere Staaten und Zusammenschlüsse werden. Seine neue Souveränität ist der Dreiklang aus Sicherheit, Stärke und Subsidiarität. Eine neue, zukunftsfähige Weltordnung entsteht. Europa gründet sich neu und wird zum Hoffnungsträger für eine bessere Welt. Als globale Soft Power muss die Union über ihren Schatten springen und selbst Hegemon werden, vor allem auf dem Gebiet der Digitalisierung und zeigen, dass Demokratie eine Zukunftstechnologie und keine veraltete Technologie ist, die nicht für die digitale Welt geeignet ist. Der britische Technikjournalist Jamie Bartlett sieht in seinem Buch *The People Vs Tech* die Demokratie heute in einem Endspiel mit den neuen Technologien: »In den kommenden Jahren wird entweder die Technologie die Demokratie und die soziale Ordnung, wie wir sie kennen, zerstören, oder die Politik wird der digitalen Welt ihre Autorität aufdrücken.« Noch ist das Spiel nicht entschieden. Wir haben die Wahl: Wir können Systeme entwickeln, die Regierungen im Dienst der Bürger kontrollieren – oder Systeme für Staaten und Unternehmen, die uns als Bürger und Konsumenten überwachen.

Auch Europa ist vor dieser Gefahr nicht immun. Im Jahr 2017 wurde die britische Demokratie gehackt. Aus den sozialen Netzwerken flutete die Leave-Kampagne das Land mit Falschmeldungen (Fake News) und Märchen über gewalttätige Migranten. China geht inzwischen den Weg der digitalen Diktatur: Bis 2020 will die Volksrepublik jedem Bürger einen »Superscore« zuordnen und ein soziales Kreditsystem einführen, nach dem das gesamte soziale Verhalten der Bürger erfasst und bewertet wird. Ziel ist die vollständige Videoüberwachung mit umfassender Gesichtserkennung und Verhaltensanalyse durch Künstliche Intelligenz. Auf jeden zweiten Chinesen soll im Jahr 2020 eine Überwachungskamera kommen. Bereits heute ist die Reisefreiheit von mehr als 20 Millionen Chinesen massiv eingeschränkt. Etliche Eltern können nicht entscheiden, wo ihre Kinder zur Schule gehen. China erfindet die Diktatur neu, um die totale Kontrolle über Wirtschaft, Politik und Gesellschaft auszuüben. Der chinesische Weg hat einen entscheidenden Haken: Zentralisierte Modelle, die auf Top-down-Kontrolle setzen, sind nur für Systeme geringer Komplexität geeignet – die gesellschaftliche Komplexität wird aber zunehmen. Daher haben westliche Demokratien einen entscheidenden Wettbewerbsvorteil: Sie sind es gewohnt, mit Pluralismus und Diversität umzugehen, kollektive Intelligenz und Kollaboration zu nutzen – allesamt Konzepte und Strategien, die für eine erfolgreiche digitale Transformation entscheidend sind. Ihre zentrale Frage lautet: Wie können wir Menschen lernen, besser mit kognitiven Maschinen zusammenzuarbeiten?

Als einer der ersten westlichen Regierungschefs hat der französische Staatspräsident die neue digitale Frage verstanden. Emmanuel Macron sieht die französische KI-Strategie als »interdisziplinäre Kreuzung aus Mathematik, Sozialwissenschaften, Technologie und Philosophie«.[161] Nur im Zusammenspiel der Disziplinen entstünden jene kreativen Störungen, die das Wesen des Fortschritts ausmachen. Für solche kreativen und positiven Störungen braucht es Kritiker, Provokateure und Unruhestifter. Der Computerwissenschaftler Dirk Helbing sagt eine zweite Phase der digitalen Transformation voraus, die partizipativ und digital-demokratisch ist und von Co-Kreation, Co-Evolution, kollektiver Intelligenz und Selbstorganisation geprägt sein wird.

Europa ist lange dem amerikanischen Modell des Internets gefolgt. Zu verführerisch waren die Versprechungen einer angeblichen Demokratisierung von Informationen und einer Welt, in der vieles kostenlos ist. Neben den vier Freiheiten für Personen-, Waren-, Dienstleistungen und Kapitalverkehr entsteht eine fünfte Freiheit: das Recht der Bürger auf ihre Daten. Jenseits von Techno-Skeptizismus und digitalem Utopismus zeichnet sich so ein dritter Weg für eine demokratische Tech-Zukunft ab: Die Weiterentwicklung von Digitalisierung und Künstlicher Intelligenz zu einer gesellschaftlichen Zukunftsintelligenz. Ihr Ziel ist eine neue Balance aus sozialer, öffentlicher und kollektiver Intelligenz. Demokratie ist keine veraltete-, sondern eine Zukunftstechnologie. Ihre Vision ist die Stärkung der Individuen, ein Mehr an Sicherheit und Lebensqualität. Kurzum: Eine Gesellschaft, in der jeder und jede teilhaben kann.

Während China sein Modell des »autoritären Kapitalismus« als angeblich überlegene Alternative zur freiheitlichen liberalen Demokratie vorantreibt, kann die europäische Antwort nur in einer Weiterentwicklung seines Modells bestehen. Wenn die USA nicht mehr Europas Garant in außen- und sicherheitspolitischen Fragen sein wollen und China es nicht sein soll, geht es für Europa darum, selbst eine Politik der Wehrhaftigkeit und Widerstandsfähigkeit zu entwickeln. Vor 15 Jahren hat der US-Ökonom Jeremy Rifkin den langsamen Tod des Amerikanischen und das Entstehen eines Europäischen Traums prognostiziert. Corona kann die Verwirklichung dieses Traums beschleunigen. Pandemie- und Klimaschutz, Digitalisierung und der wirtschaftliche Aufbau werden zum gemeinsamen europäischen Projekt. Statt auf Datenkapitalismus und digitale Diktatur ist das europäische Modell eine digitale Demokratie mit globalen Standards. Datenstandards sollten dem sozialen Sektor Priorität einräumen und nicht dem öffentlichen Sektor (Gefahr der staatlichen Überwachung durch das Sammeln von Daten) oder dem privaten Sektor (Gefahr des Überwachungskapitalismus und der Abhängigkeit von multinationalen Konzernen). Europa kann freier als China, solidarischer als die USA und nachhaltiger als beide werden. Welches Europa das sein wird und wann es soweit ist, wird auch davon abhängen, ob die innere Erosion von Staat und Gesellschaft gestoppt und die gesellschaftliche Spaltung überwunden wird. Demokratie ist eine Staatsform »of the people, by the people and for the people«. Mit diesen Worten seiner *Gettysburg Address* ehrte der 16. US-Präsident Abraham Lincoln die im amerikanischen Bürgerkrieg gefallenen Soldaten. Die nur zweieinhalb Minuten dauernde Rede ist längst Teil des historisch-kulturellen Erbes der Vereinigten Staaten von Amerika. Im Konflikt müsse eine Regierung des Volkes durch das Volk und für das Volk zeigen, ob es dauerhaft bestehen kann. Vergessen sind Lincolns Halb- und Nachsatz: dass die Nation eine Wiedergeburt der Freiheit erleben soll und die Regierung des Volkes nicht von der Erde verschwinden möge.

## Öffentliches Bewusstsein und bürgernahes Regieren

Die Staatsform der Demokratie hat den Vorteil, dass sie gegenüber anderen Staatsformen mitgestaltbar und bürgernah ist. Demokratie ist auf die Akzeptanz ihrer Mitglieder unmittelbar angewiesen. Ihre Anliegen und Forderungen finden daher mehr Beachtung als in nicht-demokratischen Ländern. Korrupte und schwache Länder folgen nicht den Interessen der Bürger und Wähler, sondern denen ihrer Geldgeber und somit finanzstarken Interessen. Es braucht beides: das öffentliche Bewusstsein einer großen Mehrheit und das bürgernahe Regieren als dessen Entsprechung. Es sind die Institutionen, die den Unterschied machen. Der Ökonom Daron Acemoglu und der Politikwissenschaftler James A. Robinson haben in ihrem Buch *Warum Nationen scheitern* zusammengefasst, worauf es ankommt und wie sich die Unterschiede zwischen reichen und armen Ländern erklären lassen. Institutionen als Spielregeln einer Gesellschaft sind dann erfolgreich, wenn sie möglichst *inklusiv* sind und attraktive Bedingungen schaffen für möglichst viele Mitglieder, sich aktiv in das Wirtschaftsleben einzubringen und ihre Begabungen und Fähigkeiten auf bestmögliche Weise zu entfalten. Dagegen kommen Menschen in *extraktiven* Institutionen kaum voran, weil kleine Eliten und Minderheiten den Gewinn vor ihnen abschöpfen und behalten.

Nicht die Unabhängigkeit der einzelnen nationalstaatlich verfassten Mitgliedsländer hat Europa stark gemacht, sondern die Abhängigkeit der Staaten untereinander. Nicht der Nationalismus führte zu Innovation und Stärke, sondern eine intelligente Balance aus Autonomie und Abhängigkeit. Wir brauchen ein neues Gleichgewicht von Demokratie und Subsidiarität. Europa muss in Zukunft größer *und* kleiner werden. »Größer« bei den globalen und »kleiner« bei den lokalen Fragen. Das Europa der Zukunft ist kein Staat im rechtlichen oder zentralistischen Sinne, sondern ein supranationales *und* föderales Gebilde. In den Regionen, Städten und Gemeinden vor Ort entscheidet sich die Zukunft der europäischen Demokratie. Bürgermeister und Regionalpolitiker sind die Träger einer europäischen Bewegung für eine glokale Politik: weltoffen und zugleich lokal verantwortlich. Die Geschichte lehrt uns, dass sich Staaten nicht von außen demokratisieren lassen. Demokratie muss von innen gewollt und erreicht werden und einmal erreichte Demokratien müssen in der Lage sein, sich zu erneuern. Eine Demokratie, die sich nicht erneuert, erstarrt und stirbt einen langsamen Tod.

## Die erneuerbare Demokratie

Im Frühjahr 2021 veröffentlichte die Zeitschrift KOMMUNAL erschreckende Zahlen: Fast drei Viertel der Bürgermeister in Deutschland werden beleidigt, beschimpft, bedroht oder körperlich angegriffen. Acht Prozent mehr im Vergleich zu 2020. Zu den Ursachen des neuen Hasses gehört auch die Coronapandemie, sagt jeder Dritte der befragten Kommunalpolitiker. »Gegenwehr« sei nötig, kommentierte der Bundespräsident die Angriffe. Antworten auf den Hass und die Gewalt gegen Bürgermeister, Bundestagsabgeordnete und Kommunalpolitiker fehlen. Vor allem Frauen und Jüngere ziehen sich aus der lokalen Demokratie zurück. Was tun gegen Hass und Hetze gegen die Demokratie?

Der erste erfolgreich durchgeführte rechtsextrem motivierte Mord an einem Politiker fand im Juni 2019 statt. Sein Opfer war der Kasseler Regierungspräsident Walter Lübcke. Auf Bürgerversammlungen warb er wenige Jahre vor seiner Ermordung für die Unterbringung von Geflüchteten und verteidigte die Politik der Bundesregierung. Im Netz entlud sich daraufhin ein Sturm des Hasses und der Hetze gegen den CDU-Politiker. Im Verfahren gegen den Mörder wurden von den Ermittlungsbehörden 64 Internethetzer aus fast dem gesamten Bundesgebiet als Tatverdächtige identifiziert. Im letzten Jahr zählten die Sicherheitsbehörden mehr als 2.600 Straftaten gegen Amts- und Mandatsträger, mehr als doppelt so viele wie im Jahr zuvor. Viele Kommunalpolitiker denken inzwischen über einen Rückzug nach oder haben dies bereits getan, sagte der SPD-Bundestagsabgeordnete Karamba Diaby aus Halle in einem Interview mit n-tv Anfang Mai und bezeichnete den Trend als »riesengroßes Armutszeugnis für unsere Demokratie«. Das jüngste Beispiel ist der grüne Tareq Alaows, der sich von seiner Bundestagskandidatur wegen rassistischer Drohungen zurückzog. Alaows wäre der erste aus Syrien Geflüchtete gewesen, der für den deutschen Bundestag kandidiert. Der 31-Jährige bekam Morddrohungen und fürchtete um sein Leben und das seiner Familie. Sein politisches Anliegen war, gegen die Spaltung der Gesellschaft zu arbeiten. Gewonnen haben seine Verfolger.

Kommunalpolitik scheint männlich und alt zu werden. Der Anteil der Frauen unter den Bürgermeistern der rund 11.000 Städte und Gemeinden beträgt heute gerade einmal neun Prozent. Seit 2015, dem Jahr der Flüchtlingskrise, ist der Anteil um zwei Prozent gesunken, ergab eine Befragung im Jahr 2020. Frauen sind offenbar stärker vom Hass und Angriffen betroffen als Männer. Immer wieder werden sie vor oder nach ihrer Kandidatur in den sozialen Medien auch sexuell belästigt. Ein Amt schreckt generell die Jüngeren ab. Nur noch ein Fünftel der Bürgermeister ist jünger als 45 Jahre, der Anteil der Generation 60 plus ist zuletzt auf 30 Prozent gestiegen. Auch dieser Trend ist ein Alarmzeichen für die Zukunft der lokalen Demokratie. Vor Ort entscheidet sich die Zukunft auch der großen, nationalen Demokratie. Wir brauchen auf lokaler Ebene eine Offensive für mehr Beteiligung und Vielfalt – und eine Politik der »Nulltoleranz« gegenüber Hass und Gewalt.

## Herrschaft der Stimmungen

Politik hat sich in der modernen Medienökonomie zuletzt zur Herrschaft der Stimmungen gewandelt. Objektivität und Wahrheit kommen kaum mehr vor. Die Krise der Print-Medien und der Übergang von der Medien- zur Empörungsgesellschaft werden zum Demokratieproblem. Hauptverlierer der Entwicklung sind neben den Politikern die Journalisten. »Der kommunikative Normalfall ist die Empörung über die Empörung der jeweils anderen Seite«, sagte Bernhard Pörksen in einem Interview mit dem Deutschlandfunk.[162] Damit setze sich die Polarisierung hin zu einer nutz- und sinnlosen Konfrontation durch. Zum entscheidenden Resonanzboden der »Soforteskalation« sind das Internet und die sozialen Medien geworden. Bei Facebook existierte auf dem Höhepunkt der Flüchtlingskrise eine Reihe von geschlossenen Gruppen, in denen explizit gegen Minderheiten, Politiker und Verfassungsorgane gehetzt wurde. Ohne die neuen sozialen Medien wäre der Populismus von rechts in Europa und den USA nicht so erfolgreich geworden. In den USA sperrten Facebook und Twitter erst nach dem »Sturm auf das Kapitol« in Washington am 6. Januar und Wochen nach seiner Abwahl Donald Trump seine wichtigsten Sendekanäle. Als Gegenwelt zu den öffentlich-rechtlichen und privaten Qualitätsmedien nutzen die alten und neuen Antiparteien die Welt des Internets wie kaum andere Organisationen. Je niedriger das Vertrauen gegenüber der Politik, desto stärker ist die Politik der Stimmungen. Nicht nur im Netz, sondern auch bei Wahlen. Anders als im Lokalpolitischen Bereich, ist das politische Vertrauen auf Bundesebene heute in der Coronapandemie wie in den Jahren der Flüchtlingskrise auf einem Rekordtief. In dieses Vertrauensvakuum stoßen populistische Kräfte und ihre Unterstützer weit in die bürgerliche Mitte hinein. Gezielt eingesetzte Falschnachrichten bedrohen nicht nur die Gesundheit, sondern auch den gesellschaftlichen Zusammenhalt. Der Europäische Auswärtige Dienst hat in einer Studie russische und chinesische Desinformationen bei Impfstoffen aufgedeckt. So wurde die moderne mRNA-Technologie von BioNTech/Pfizer und Moderna attackiert mit dem Ziel, das Vertrauen in die vom Westen hergestellten Impfstoffe, EU-Institutionen und Impfstrategien zu untergraben. Allein in einem Monat wurden fast 90.000 deutschsprachige Beiträge auf Facebook, Telegram und Twitter gefunden, die Desinformationen über Impfungen gegen Corona enthielten, ergab eine Analyse des *Institute for Strategic Dialogue*.[163] Polarisierung und Manipulation sind nicht nur das Geschäftsmodell von Despoten und Diktaturen, sondern auch des Datenkapitalismus von Facebook und Google. Es sind Firmen, die ihr Geld mit Werbung verdienen und unsere Daten für Verhaltensmodelle und Persönlichkeitsprofile missbrauchen. Sie vermieten unsere Aufmerksamkeit an jeden, der dafür bezahlen will. Sie sind zur Bühne von Verschwörungstheoretikern und Rechtspopulisten geworden. Umso wichtiger wird die Erneuerung der Demokratie von innen und aus der Mitte der Gesellschaft heraus. Auch in der digitalen Zeit wird Demokratie analoge und klassische Werkzeuge und Waffen brauchen: Debatte. Streit und Kompromiss.

## Die Zukunft der Demokratie

So wie es erneuerbare Energien gibt, gibt es auch eine erneuerbare Demokratie. Ihre Quellen sind Bildung, Medien, Vielfalt und Bürger. Eine Bildungsoffensive setzt auf Werteorientierung, Medienkompetenz und Debattenkultur. Zur demokratischen Leitkultur werden der zivile Streit, Konfliktbewältigung, Bürgerdialoge und -entscheide auf kommunaler und Landesebene. Beantwortet werden muss zudem die Frage, was uns seriöser und qualitativer Journalismus wert ist. Wenn die Zahl der Beschäftigten in PR-Agenturen die Zahl der Journalisten übersteigt, gerät Demokratie in eine Schieflage. Für Jüngere ist ein Job in der PR- und Unterhaltungsbranche finanziell interessanter als der Beruf des Journalisten. Journalismus muss attraktiver werden, wenn er eine Zukunft haben soll. Das beginnt in den Schulen (Schülerzeitungen) und betrifft auch die europäische Öffentlichkeit, die eine stärkere Aufmerksamkeit in den Mitgliedsstaaten braucht. Demokratie muss außerdem repräsentativer und damit vielfältiger werden. Der Anteil der Parteimitglieder und Mandatsträger mit Zuwanderungsgeschichte spiegelt ihren Anteil in der Bevölkerung kaum ab. Nur sechs von 335 Oberbürgermeistern haben ausländische Wurzeln, das sind keine zwei Prozent, obwohl bundesweit der Anteil von Menschen mit Migrationshintergrund bei über 20 Prozent liegt. Verbindliche Zielwerte und Quoten sind überfällig. Und es braucht zuletzt mutige Bürgerinnen und Bürger, die den Feinden der Demokratie den Wind aus den Segeln nehmen: im Netz, auf den Straßen, in den Schulen und in den Rathäusern. Ihr Engagement muss aufgewertet und stärker anerkannt werden, beispielsweise durch einen »Feiertag der Demokratie« am 23. Mai, dem Gründungstag unserer Republik. Demokratie ist erneuerbar, wenn sie repräsentativer, streitbarer und bürgerlicher wird. Und Erneuerung kann Hoffnung stiften – Hoffnung die wiederaufbaut, was der Hass zerstört: Den Zusammenhalt und die Zuversicht auf eine bessere gemeinsame Zukunft. Ich bin zuversichtlich: Demokratie hat Zukunft. Ein neues politisches Zeitalter beginnt. Die Zukunft der Politik basiert auf drei Säulen: Einer Konsultativen Demokratie, einem Europäischen Föderalismus und neuen Kooperationen zwischen Parteien und Zivilgesellschaft.[164]

## 1. Die Konsultative Demokratie

Die Antwort auf ihre globale Bedrohung ist die Weiterentwicklung der Demokratie. Statt Basta-Politik und Alternativlosigkeit brauchen wir innovative Verfahren und Instrumente der Beteiligung und des Mitgestaltens. In den jüngsten Wahlerfolgen bei den Landtagswahlen in Baden-Württemberg und Sachsen-Anhalt im Frühjahr und Sommer 2021 zeigt sich nicht zuletzt der Durchbruch einer »Politik des Zuhörens«, die auf eine neue Weise mit Interessenskonflikten und Bürgerprotesten umgeht. Es geht um eine Kommunikation des Zuhörens, die Handlungsfähigkeit und Kompromissfähigkeit der Bürgergesellschaft schult und nutzt. Politik wird hier als Vermittler und Konsensproduzent gefordert. Statt den Bürgern von oben herab zu sagen, was sie zu tun haben, geht es darum, sie zum Mitmachen einzuladen. Auch die Medien können sich dabei einbringen. Das Format »Deutschland spricht« ist ein Gemeinschaftsprojekt mehrerer Medien und bringt seit 2020 Tausende von Bürgern zu aktuellen Streitfragen zusammen. In einer co-produktiven Demokratie haben Bürger die Freiheit, Neues auszuprobieren und ihre Ideen mit der gesamten Gesellschaft zu teilen. Die Erfahrungen mit kommunalen Bürgerforen und -räten machen Mut und sollten auch auf nationaler und europäischer Ebene als verpflichtendes konsultatives Element etabliert werden. Bürgerbefragungen und -dialoge können bei nationalen oder europäischen Grundsatzfragen wie der Einführung einer $CO_2$-Steuer und europäischen Armee für die nötige Be- oder Entschleunigung sorgen. Intelligente Formen der direkten Demokratie zerstören das Repräsentationsprinzip nicht, sondern stärken es. In Frankreich kommen Politiker und Bürger zusammen, um konkrete Fragen zu diskutieren und Gesetzesentwürfe zu erarbeiten. Die Bürger können von zuhause ihre Ideen einbringen und überprüfen, ob, wann und wie ihre Vorschläge in einen Gesetzesentwurf eingeflossen sind.

## 2. Europäischer Föderalismus

Was auf dem Spiel steht, ist der Rückfall in ein Europa der Ego-Länder mit geschlossenen Grenzen. Hier ging Europa bereits mit gutem Beispiel voran. Statt den Weg des »Impfnationalismus«, der nur den großen und starken Ländern nutzt, wählte die EU beispielsweise ein gemeinsames Vorgehen und setzt auf globale Zusammenarbeit und Verteilung der in Europa produzierten Impfstoffe. Als langsame und bürokratische Veranstaltung hat Europa jedoch keine Zukunft. Europa muss effektiver und effizienter werden. Der Euroföderalismus ist die Antwort auf die Frage »Nation oder Europa?« – seine administrativen Formen stehen erst am Anfang. Europa wird zur föderalen Zukunftsunion. Statt 27 Reserven für Schutzmasken und Intensivbetten anzulegen und vorzuhalten, wird für die nächste Krise eine europäische Reserve und ein Beschaffungssystem aufgebaut. Die Spitze der EU wird künftig direkt von allen Bürgern gewählt statt von den Mitgliedsstaaten nach Proporz besetzt. Regional kommt es zu einer Verschiebung von Kompetenzen in Richtung Regionen, Städte und Gemeinden. Europa wird zum Moderator zwischen globaler und lokaler Ebene und im Bündnis aus Mitgliedsstaaten, Regionen und Städten zur neuen glokalen Supermacht. Seine Soft Power setzt auf eine Balance aus Freiheit, Wettbewerb und Solidarität.

### 3. Dynamische Kooperationen zwischen Parteien und Bewegung

Vor allem die beiden kleiner werdenden Volksparteien CDU und SPD altern schneller und sind homogener als der Durchschnitt der Bevölkerung. Jüngere, Frauen und Menschen mit Zuwanderungsgeschichte sind unterrepräsentiert. Immer schon schlug auch in der deutschen Demokratie das Charisma eines Politikers und einer Politikerin die Programmatik einer Partei. Helmut Schmidt und Gerhard Schröder regierten *trotz* SPD, Angela Merkel wird *trotz* CDU/CSU als die am längsten regierende Bundeskanzlerin in die Geschichte eingehen. Die Bedeutung des Charismas schlägt in Zukunft jedes Programm. International hat sich der neue Typus Politiker und ein neues Modell Partei bereits durchgesetzt. Statt auf alte Ideologien und Karrierewege setzen Jacinda Ardern in Neuseeland, Justin Trudeau in Kanada und Emmanuel Macron in Frankreich auf eine Sprache der emotionalen Zuversicht und dynamische Kooperationen mit der Zivilgesellschaft. Sie versammelten eine neue Bewegung hinter sich, die sich nur formal Partei nannte, in Wirklichkeit aber eine Unterstützungs-Allianz darstellte. »Bewegungspartei« ist die Organisationsform der Zukunft. Ihre Mitglieder sind all jene, die etwas bewegen wollen. *Bewegung* ist etwas anderes als nur Protest. Es geht um die Integration des Gesellschaftlichen in eine Idee konstruktiver Veränderung. Zukunftspolitik als dynamische, variable Vision, nicht als zorniges Dogma. Entscheidend ist der Kommunikationsstil, mit der Resonanz in der Gesellschaft entsteht. Zukunftspolitiker sind Agenten der Gemeinsamkeit über die trennenden Elemente hinweg. Weibliche Führungsstile werden in der kommenden Politik-Ära von herausragender Bedeutung sein. Viele kleine europäische Länder sind heute bereits politisch »feminisiert« – allen voran die skandinavischen Länder und global rücken sie weiter an die Spitze: Christine Lagarde, die erste Präsidentin der europäischen Zentralbank, Ursula von der Leyen, die erste Präsidentin der Europäischen Kommission und Kamala Harris, die erste Vizepräsidentin der USA. Die Zeit des politischen Macho-Heroismus, der in den vergangenen Jahren noch einmal eine Blüte erlebte, ist vorbei, weil sich das paritätische Prinzip auch in der Politik durchsetzen wird.

Demokratische Gesellschaften sind vielfältiger und damit komplexer und gestresster als autoritäre Systeme, in denen Konflikte nicht öffentlich verhandelt und Kompromisse daher auch nicht geschlossen werden müssen. Demokratien gelingt der Umgang mit Vielfalt hingegen besser als anderen Systemen. Frühere Generationen brachten enorme Opfer, um die demokratischen Werte und Institutionen gegen äußere Bedrohungen zu verteidigen. Die heutige Generation, aufgewachsen in einer Zeit, in der die Demokratie für selbstverständlich gehalten wird, steht vor einer anderen Aufgabe: Die Zerstörung der Demokratie von innen. Je vielfältiger eine Gesellschaft ist, desto widerstandsfähiger ist sie gegen Krisen. Wer Vielfalt und demokratische Auseinandersetzungen nicht gewohnt ist, fürchtet sich eher vor einer offenen Zukunft als Menschen, die mit Streit und Pluralität gelernt haben umzugehen.

Die in den letzten Jahrzehnten entstandene Kluft zwischen den Zukunftspessimisten und Zukunftsoptimisten zu schließen und beide Gruppen wieder zu versöhnen, wird zur großen Aufgabe der nächsten Jahre. Der Vorteil der Demokratie ist, dass sie täglich neu erstritten und erfunden werden kann. Sie bedeutet Respekt und Kommunikation auf Augenhöhe – für die Zukunft und für jeden Tag.

Demokratie lebt von Personen. Politiker gehören zu den zentralen Akteuren des Wandels. Dabei zeichnet sich ein neuer Politikertyp ab, den ich den »progressiven Politiker« nennen möchte. Progressive Politiker nehmen den Kampf gegen die rechten und linken Reaktionäre auf und setzen auf eine Politik des Ausgleichs und der Versöhnung scheinbarer Gegensätze und Widersprüche. Ihre Agenda ist eine »Politik des Und« (Winfried Kretschmann), eine Balance zwischen dem Bewahren und dem Gestalten. Konkret geht es um die in diesem Buch beschriebenen Brücken zwischen Ökonomie *und* Ökologie, Zusammenhalt *und* Vielfalt, Nation *und* Europa, Demokratie *und* Zukunft. Progressive Politiker verkörpern einen unternehmerischen Politikertyp. Bürger sind für sie keine Kunden, sondern Partner. Demokratie ist für sie mehr als wählen. Progressive Politiker wissen: In der Politik geht es nie nur um Fakten und Geld, sondern auch um Gefühle. Menschen sind immer auch moralische Wesen, die in einer gerechten und fairen Gesellschaft leben wollen. Politik darf nicht nur auf den Lärm der Lauten und Gewinner hören. Demokratie ist für progressive Politiker mehr als wählen. Sie sind radikal und pragmatisch. Sie stehen für Entschleunigung und Orientierung in Zeiten von rasanten Veränderungen. Der Sinn von Demokratie sind mehr Optionen, Bindungen und Freiheiten für möglichst alle Bürger. Das Wesen der Demokratie ist ihre Dauerhaftigkeit und ihr immanenter Zwang zum Kompromiss und zur Versöhnung. Maß, Mitte und Mut gehören in einer Demokratie zusammen. Weil ihr Ziel der Schutz der Freiheit von heute wie von morgen ist, ist Demokratie »day by day« und für die Zukunft.

## Demokratie für die Zukunft und jeden Tag

»Kontrollverlust« ist der Begriff unserer Zeit. Wir geraten in Stress, wenn wir mit Situationen konfrontiert sind, die wir nicht verstehen. Und diese Situationen haben in den letzten 20 Jahren drastisch zugenommen: Globalisierung, Migration, Digitalisierung, Künstliche Intelligenz, Corona. Wir haben zunehmend das Gefühl, dass uns die Dinge entgleiten und wir keinen Einfluss auf sie ausüben können. Eine Krise jagt die nächste. Gibt es einen Ausweg, können wir unser öffentliches Leben wieder in den Griff bekommen? Im Kern geht es um das Gefühl der Selbstwirksamkeit durch eine Stärke und Sicherheit, die von innen kommt. Das Vertrauen in die eigene Wirksamkeit erhöht sich, wenn politisches Engagement sichtbare Folgen für uns hat. Durch aktives Handeln können wir Einfluss nehmen, unsere Selbstwirksamkeit erhöhen und so wieder Kontrolle über unser Leben und unseren Alltag zurückgewinnen. Ziel ist es, wieder Teilhaber und Gestalter der Welt um uns herum zu sein. Statt politisches Objekt zu sein, geht es darum als Bürger handelndes Subjekt zu werden. In einer offenen und liberalen Demokratie gelingt das am besten dann, wenn wir die bewährten Institutionen besser, das heißt lebendiger machen. »Wir wollen mehr Demokratie wagen« sagte Bundeskanzler Willy Brandt in seiner ersten Regierungserklärung 1969. Mehr als 50 Jahre später sollten wir mehr Demokratie möglich machen.

## Die Demokratisierung der Demokratie

Die Institutionen unserer Staatsform und ihr Prinzip der Repräsentativität stammen aus dem 18. Jahrhundert. Die Nachricht von der Ermordung Abraham Lincolns im Jahr 1865 brauchte ganze zwölf Tage, bis sie in London ankam. 31 Jahre danach wurde das erste Kabel gelegt, das Telegramme über den Atlantik möglich machte und die Übertragungsdauer einer Nachricht auf zwei Minuten verkürzte. Die großen Erfindungen der Menschheitsgeschichte – die Dampfmaschine in England durch James Watt, die Elektrizität in den USA durch Thomas Edison und des World Wide Web durch Timothy John Berners-Lee – fanden in demokratischen Gesellschaften statt. Eine Garantie für die Zukunft ist das nicht. Die Prozesse und Abläufe in einer Demokratie sind oft langsam, die neuen Technologien werden immer schneller. Zu einer Entkopplung von technischem Fortschritt und demokratischen Prozessen, vor der Historiker wie Yuval Noah Harari warnen, muss es nicht kommen. Im Gegenteil: In der Entschleunigung von Prozessen und Veränderungen kann auch ein Vorteil demokratischer Systeme liegen. »Langsam ist das neue Schnell«. Die neue Nachfrage nach Demokratie kommt von unten und sie ist wirkmächtig. Die Öffentlichkeit erwartet zunehmend, dass Entscheidungen transparenter und partizipativer getroffen werden. Unterstützt wird sie dabei vom Medienwandel. Die Konkurrenz zwischen den Medien erzeugt einen enormen Druck zu mehr Offenheit und Dialog in und zwischen den Parteien.

Demokratie ist kein Instrument, sie ist ein Ziel. Wie jede andere Organisationsform muss auch sie sich legitimieren und bewähren. Demokratien haben kein Monopol auf Frieden, sozialen Fortschritt, wirtschaftlichen Wohlstand und bessere Gesundheit, auch andere Regierungsformen können diese hervorbringen. Unter den Ländern mit dem stärksten Wirtschaftswachstum sind nur wenige Demokratien. Und unter den zehn Ländern mit dem höchsten $CO_2$-Verbrauch sind vier Demokratien (Deutschland auf Rang sechs). Die grundlegende Schwäche von Demokratien ist, dass sie nicht in der Lage sind, 20 bis 40 Jahre in die Zukunft zu denken. Die strukturelle Schwäche der Demokratie ist ihr Präsentismus, ihr kurzfristiger Erkenntnis- und Handlungshorizont und ihr Denken in Wahlzyklen. Die Interessen von ad hoc agierenden Interessengruppen haben es leichter, die Interessen künftiger Generationen schwerer. Eine Politik der Verantwortung denkt in längeren Zusammenhängen.

Das aktuelle Megathema Klimaschutz ist dafür das beste (oder schlechteste) Beispiel. Der Begriff Klimanotstand, den in den letzten Jahren etliche Länder und Städte ausgerufen haben, soll verdeutlichen, dass bisher ergriffene Maßnahmen nicht ausreichen, um die Klimakrise zu begrenzen. Auf einen erklärten Notstand müssen jedoch entsprechende Erlasse folgen, die mit dem Modell der Demokratie nicht unbedingt vereinbar wären. Gibt es Alternativen zu Notstandsmaßnahmen, wie wir sie bereits während der Coronapandemie erlebten? In China und Indien, den beiden bevölkerungsgrößten Ländern der Erde, werden Hunderte von Kohlekraftwerken gebaut. Autokratien und Despotien sind beim Klimaschutz nicht im Vorteil, im Gegenteil. Demokratien schneiden beim Umweltschutz besser ab. Würden Autokratien und Despoten entscheiden, würden wir schon bald in einer heißeren Welt mit weniger Freiheiten leben. Langfristig ist die Demokratie also auch trotz ihrer Komplexität leistungsfähiger, weil sie innovativer und neugieriger ist.

Kapitel 4 hat gezeigt, dass die Antwort auf den Klimawandel nicht der Klimanotstand ist, sondern die Klimademokratie. Darauf setzt auch das Urteil des Bundesverfassungsgerichts im Frühjahr 2021, das der deutschen Politik ihre Zukunftsvergessenheit vorhielt. Bei der Abwägung von gegenwärtigen Interessen ist dem Klimaschutz eine Priorität einzuräumen. Zudem soll das Tempo bei der Umsetzung von Klimaschutz-Maßnahmen erhöht werden. Die Klimawende braucht neben internationalen Abkommen und nationalen Beschlüssen die lokale Demokratie und ihre Bürger.

Demokratie ist angewandte Sozialtechnologie. Wir können sie optimieren und verbessern. Ein großer Vorteil der Demokratie ist auch ihre Resilienz: Die Bürger entwickeln ein Verständnis für Wissenschaft und Verfahren und erneuern sie fortwährend. Soziale und neue Technologien, die demokratisierend wirken wie freie Software, Open Source und Blockchain, Bürgerhaushalte, E-Petitionen und Bürgerdialoge spielen dabei eine zentrale Rolle und können das alte Prinzip der Repräsentativität ergänzen und verbessern. Aber nicht ersetzen. Die Alternative zur repräsentativen, indirekten Demokratie ist die direkte Demokratie, die anfälliger ist für Populismus und Autoritarismus. Donald Trump hat in den USA direktdemokratische Verfahren (Vorwahlen) genutzt, um das System der Demokratie von innen zu schwächen und auszuhebeln. Beispiele für erprobte und intelligente Formen der partizipativen Belebung demokratischer Verfahren und Institutionen sind Bürgerversammlungen wie in Japan, die unter dem Label »Future Design« die Perspektive des Jahres 2060 einnehmen, das parlamentarische Komitee für die Zukunft in Finnland oder ein Ombudsmann für die Zukunft in Israel. In Irland diskutierte eine Bürgerversammlung über das Pro und Kontra von Abtreibungen und legte das Ergebnis den Iren in einer Volksabstimmung vor. Der Vorschlag fand in der Abstimmung eine Mehrheit, weil die ausgelosten Bürger eine hohe Autorität hatten. In Baden-Württemberg diskutierte ein Bürgerrat die Frage der Abgeordnetenbezüge im Landtag. Eine von der Regierung eingesetzte »unabhängige Kommission zur Altersversorgung der Abgeordneten« erarbeitete vier Modelle. Das von der Kommission favorisierte Modell wurde am Ende vom Landtag beschlossen. Auch in Europa gibt es inzwischen eine Reihe von Dialogen zur Zukunft. Das größte Forum startete am 9. Mai, dem Europatag, mit der Europäischen Zukunftskonferenz. Ein Jahr lang diskutieren die Bürger mit Vertretern der europäischen Institutionen über Gesundheit, Klimaschutz, Sozialpolitik, Digitalisierung und Europas Rolle in der Welt. Die Konferenz ist die erste ihrer Art, interaktiv und mehrsprachig. Auf nationaler Ebene setzt sich bei den neuen Bürgerforen zunehmend das »Zufallsbürgerprinzip« durch: nicht gewählte Vertreter oder alle, die mitmachen wollen, diskutieren und entwickeln Vorschläge, sondern zufällig ausgewählte und repräsentative Bürger. Zufallsbürger arbeiten sich mit Unterstützung von Experten in ein Thema ein und geben am Ende des Prozesses Empfehlungen ab. Es geht um Meinungsbildung und nicht um Beschallung. Die Dialoge und Foren beraten die politischen Entscheidungsträger, die Letztentscheidung bleibt dort. Entscheidend ist somit, dass sich Parlamente und Politik mit den Empfehlungen und Ergebnissen der Bürgerdialoge auseinandersetzen und sich nicht einfach über sie hinwegsetzen. Eine Möglichkeit, solche Foren verbindlicher zu machen, ist das Recht auf einen »Bürgerantrag«: Ein festes Quorum an Unterschriften führt zu einer thematischen Befassung durch das Parlament. Im Unterschied zu Volksentscheiden mit einfachen »Ja, Nein«-Fragen polarisieren Bürgerdialoge nicht, da sie moderiert werden und bei Bedarf auch externen Sachverstand einbeziehen können. In Bürgerräten und -foren ist kein Platz für Hass und Hetze, die Debatte steht im Zentrum. Für den Erfolg solcher Foren ist entscheidend, dass die Fragen möglichst konkret und klärbar sind. Aktuelle Fragen und Themen könnten die Größe der Wahlkreise und die Verkleinerung des Bundestags (Deutschland leistet sich das zweitgrößte Parlament der Welt), das Thema »CO$_2$-Steuer« oder ein »armutsfester Mindestlohn« sein. Die Frage, wie die Welt krisenresistenter und zukunftsfähiger werden kann, entscheidet sich auch hier im kleinen Kreis und nah an den Bürgern.

Die Kommunen werden mehr und mehr zu entscheidenden Akteuren und Plattformen einer lebendigen und täglichen Demokratie. Kommunalpolitische Erfahrung sollte zur Voraussetzung von bundespolitischen Ämtern und regionales Engagement besser gefördert werden, etwa durch einen kommunalen Freiwilligendienst.

Die beste Schule der Demokratie ist – die Schule. Schule ist nicht nur ein Lern-, sondern auch ein Lebensort. Junge Menschen, die sich bewegen, Sport treiben, lesen und Musik machen, schneiden oft besser in der Schule ab.[165] Demokratiebildung und das Erlernen von bürgerschaftlichem Engagement gehören zur Grundbildung an Schulen. »Citizenship Competence« ist im Programm des Europäischen Rats »Key Competences for Lifelong Learning« als eine von acht Schlüsselkompetenzen aufgeführt.[166] Das Erlernen demokratischer Kompetenzen gehört angesichts des global zunehmenden Populismus und illiberaler Tendenzen zu den zentralen Aufgaben der Zukunft. Ziel ist die Stärkung der politischen Teilhabefähigkeit der Lernenden in einer globalisierten und digitalisierten Welt. In der Welt von morgen werden Zukunftskompetenzen wie Spontaneität, Kreativität, Teamwork, Problemlösungskompetenz und kritisches Denken wichtiger denn je. Bundesweit sollte es ein neues Programm geben: »civic education« (Lernen für Demokratie und Zivilgesellschaft) mit Themen wie Debattieren, Konfliktlösung und bürgerschaftliches Engagement. Eine starke Demokratie braucht starke Bürger, die etwas bewegen und verändern können. Nur dann entsteht Lust auf Zukunft.

Der Sinn ist es, das Spiel zu verbessern.
Verbessern durch die Evolution des Spiels

*Charles Hampden-Turner und Fons Trompenaars*[167]

# Wetten wir auf eine bessere Zukunft

Unsere Zukunft muss nicht schlecht werden, wir haben sogar allen Grund zur Hoffnung. Wenn wir in den Spiegel blicken, sehen wir vielleicht Angst und Unsicherheit in unseren Gesichtern. Reale Gefahren sehen wir darin nicht. Und wenn wir in den Rückspiegel blicken, haben wir allen Grund zur Zuversicht. Zuversicht ist das Gegenteil von Zynismus. Zuversicht ist eine Wette auf das, was uns erwartet. Und unser Glaube an eine bessere Zukunft ist die Voraussetzung für Zusammenhalt und Freiheit. Dafür tragen wir die Verantwortung. Die Zukunft gewinnen wir nur, wenn wir gemeinsam und offen in alle Richtungen denken – global und lokal, nach innen wie nach außen. Noch bis 2008/09, dem Ausbruch der weltweiten Finanzkrise, haben wir Globalisierung und die mit ihr verbundenen Probleme wie Hunger, Migration, Armut und Klima weitgehend verdrängt. Spätestens mit der sogenannten Flüchtlingskrise 2015 hat die globale Welt für uns ein Gesicht bekommen, mit der Coronapandemie ist sie für jeden Einzelnen und ganze Staaten zur Bedrohung geworden. Eine Bedrohung, die sich komplex und mehrschichtig zeigt. Mit einfachen und kurzsichtigen Antworten werden wir der Zukunft nicht gerecht. Wir werden sie nicht mit Ängstlichkeit meistern. Eine bessere Zukunft wird aus Mut, Maß und Menschen gemacht. Ob diese Zukunft möglich ist, entscheidet sich in unseren Köpfen und Herzen. Ihre Akteure und Autoren sind wir.

Dieses Buch ist eine Wette auf eine bessere Zukunft: ohne extreme Armut, Hunger und Klimazerstörung und mit mehr Lebensqualität, Glück, Sicherheit, Frieden und Freiheit für möglichst alle Menschen auf dieser Erde. Die Wette braucht jedoch mindestens vier Voraussetzungen, die in der Einleitung erwähnten vier Reiter des Optimisten: technologischen Fortschritt, Kapitalismus, öffentliches Bewusstsein und bürgernahes, responsives Regieren. Entscheidend für die Qualität gemeinsamen Lebens ist eine Öffentlichkeit, die Verantwortung übernimmt und eine Regierung, die sich um die Bürger und ihre Sorgen kümmert. Wohlstand, Wohlfahrt, Widerstandsfähigkeit, Wachstum und Werte bedingen und brauchen einander ebenso wie Freiheit, Frieden und Fortschritt. Offene Gesellschaften, liberale Demokratien und soziale Marktwirtschaften lösen die in diesem Buch beschriebenen Probleme besser und sind anderen Systemen wie Autokratien und Diktaturen auf lange Sicht überlegen. Ihnen gelingt die Quadratur des Kreises, indem sie Freiheit, Wettbewerb und Solidarität verbinden. In einer Demokratie sind Fehlerkorrekturen täglich möglich, das macht sie menschlicher als jede andere Form staatlichen Zusammenlebens. Aus diesem Grund wird sich die Idee der Demokratie auch weltweit durchsetzen. Nicht linear und automatisch, aber beständig. Die treibende Kraft des Wandels ist die Macht der Bürger. Ihre Einsicht in die Nachhaltigkeit von Politik und das Bewusstsein ihrer eigenen Wirkmächtigkeit ist die Grundvoraussetzung dafür. Ökonomie und Politik sind für den Menschen da. Der Mensch und seine Würde sind der Ausgang allen politischen und sozialen Handelns. Die Kombination von autoritären Systemen mit einem sozial blinden Kapitalismus ist die größte Bedrohung für die nächste Zukunft. Da eine für alle verbindliche Weltregierung nicht sehr wahrscheinlich ist, braucht es für den in diesem Buch beschriebenen Wandel starke Institutionen der »Global Governance«, also gemeinsame Prinzipien und Werte, ein handlungsfähiges und solidarisches Europa und einen verlässlichen und verantwortlichen Nationalstaat mit eigenständigen und eigenverantwortlichen Bundesländern und Kommunen.

## Testen wir uns selbst!

Die Zukunft meistern wir am besten, indem wir uns immer wieder selbst testen. Wie offen, unvoreingenommen und neugierig sind wir wirklich? Lassen wir uns von der Vergangenheit und alten Denkmodellen leiten oder von einer alternativen, möglichen Zukunft? Welchen Einfluss räumen wir den Medien und ihrer oft einseitig negativen Berichterstattung ein? Als der schwedische Statistiker Hans Rosling vor Jahren auch die Deutschen auf ihre »globale Ignoranz« testete, fiel die große Mehrheit durch. Nur eine Minderheit wusste oder ahnte, dass die Zahl der Todesfälle in Folge von Naturkatastrophen seit 1970 um die Hälfte zurückgegangen ist, dass die globale Lebenserwartung heute (2021) bei 70 Jahren, die weltweite Alphabetisierungsrate bei 80 Prozent liegt oder dass die Zahl der Geburten im Jahr 2050 weltweit sinken wird. Es ist keineswegs nur der Durchschnittsdeutsche, der sich dem Vorwurf der globalen Ignoranz gefallen lassen muss. Bei Vorträgen, die ich vor Vorständen von Entwicklungshilfeorganisationen, Unternehmen oder Bildungsvertretern hielt, fiel das Ergebnis nicht besser aus. Warum sehen wir die Welt nicht, wie sie wirklich ist? Wann und warum haben wir den Glauben an Daten und Fakten verloren? Zwei Medizinprofessoren geben, unabhängig voneinander, erstaunliche Antworten: Der bereits erwähnte Schwede Hans Rosling und der Deutsche Achim Peters. Für Rosling leben wir in einer »Illusion ständiger Verschlechterung«, die zu einer »überdramatisierten Weltsicht« führt und selbst vor Menschen mit Zugang zu neuesten Informationen nicht Halt macht. Schuld daran seien nicht Medien, Propaganda oder Fake News. Wir werden von den Medien zwar täglich mit Berichten über schlimme Ereignisse versorgt, sehen die Vergangenheit aber durch eine rosarote Brille und verdrängen, dass es früher schlimmer war als heute. Es ist die Haltung des »Früher war alles besser«, die uns stresst. Die Sehnsucht nach der »guten alten Zeit« ist der falsche Weg in die Zukunft. Das Gefährliche an der Nostalgie ist ihre Neigung, die tatsächliche mit einer idealen Heimat zu verwechseln. Menschen brauchen ein Gefühl der Sicherheit, um Vertrauen in den Fortschritt zu entwickeln. Der soziale Kitt für die Bildung von Vertrauen ist Empathie. Das Gleichgewicht aus Empathie, Vertrauen und Sicherheit kann zu einem Teufelskreis aus Empathielosigkeit, Misstrauen und Unsicherheit werden, schreibt Achim Peters in seinem Buch *Unsicherheit. Das Gefühl unserer Zeit*. Als positive Einflussfaktoren nennt Peters Autonomie, Information und soziale Gleichheit. In Gesellschaften mit einer größeren sozialen Gleichheit ist das Misstrauen untereinander geringer. Eine Gesellschaft, in der jeder Einzelne seine Unsicherheit durch eigenes Handeln verringern und so seine Selbstwirksamkeit steigern kann, ist eine weniger ängstliche und damit zukunftsfähigere Gesellschaft.

## Zukunft ist ein unendliches Spiel

Wir haben es in der Hand. Was in und aus der Zukunft wird, hängt von uns ab. Welche Zukunft wollen wir? Das finden wir nur gemeinsam heraus. Machen wir uns auf den Weg in eine offene Zeit und lassen uns dabei von unseren Wünschen und Werten leiten. Zukunft ist das Spiel, das nur Gewinner kennt. »Der Sinn ist es, das Spiel zu verbessern. Verbessern durch die Evolution des Spiels. Sieger lehren den Verlierern bessere Züge. Gewinnen wird geteilt«[168] heißt es in *The Clock of the Long Now* von Steward Brand. Der Religionswissenschaftler James P. Carse unterscheidet in seinem Buch *Finite and Infinite Games* zwischen zwei Arten von Spielen: Fußball, Wahlen und rein profitorientiertes Business sind »endliche« Spiele – Spiele, in denen es immer Gewinner und Verlierer gibt. Dagegen sind Familie, Lachen, Liebe, Kunst und Kochen sowie gemeinnütziges, sinnhaftes Business »unendliche« Spiele. Diese unendlichen Spiele kennen keine Verlierer, sie kennen nur Gewinner. Wir spielen sie immer wieder, verbessern sie und uns und lernen dabei ewig hinzu. Wir müssen uns entscheiden, welche Art von Game wir in Zukunft spielen wollen und ob dabei alle gewinnen sollen. Wir entscheiden, was wir sein wollen und was wir sein können. Wir können aus weniger Armut, Hunger und Klimazerstörung mehr Wohlstand, Frieden und Freiheit machen. Ich wette mit Ihnen: Eine bessere Zukunft ist möglich. Sind Sie dabei?

# Danksagung

Ein Buch über die Zukunft ist eine Reise ins Offene. Es braucht einen Kompass, Landkarten, ausreichend Proviant und zuverlässige Gefährten. Zu ihnen gehören meine Familie, Freunde und meine Kolleg*innen vom Zukunftsinstitut und dessen Gründer Matthias Horx. Sie alle arbeiten, denken und schreiben für eine bessere Zukunft. Mein besonderer Dank gelten meiner Agentin Imke Rösing sowie Julia Sterthoff und Maximilian Bachmann, die mir mit Rat und offener, konstruktiver Kritik von Beginn an zur Seite standen, und allen Menschen vom Kösel-Verlag.

# Quellen und Lesenswertes

*Alle Online-Quellen zuletzt abgerufen am 12.07.2021*

1 Vgl. Dietrich Creutzburg, FAZ.NET vom 09.04.2021: Armut im Land sinkt – Angst vor Armut steigt; https://www.faz.net/aktuell/wirtschaft/bundessozialministerium-ueber-steigendes-einkommen-und-wahrnehmung-17283905.html

2 Vgl. Statista (2021): Lebenserwartung von Männern und Frauen bei der Geburt in Deutschland im Zeitraum 1871 bis 2018; https://de.statista.com/statistik/daten/studie/185394/umfrage/entwicklung-der-lebenserwartung-nach-geschlecht/

3 Zitiert nach MDR vom 15.07.2020; https://www.mdr.de/wissen/weltbevoelkerung-sinkt-mitte-jahrhundert-auch-deutschland-schrumpft100.html; vgl. The Lancet (2020): Fertility, mortality, migration, and population scenarios for 195 countries and territories from 2017 to 2100: a forecasting analysis for the Global Burden of Disease Study; https://www.thelancet.com/article/S0140-6736(20)30677-2/fulltext

4 Vgl. Gapminder (2013): Don't panic: The Facts about Population; https://www.gapminder.org/videos/dont-panic-the-facts-about-population/

5 Zitiert nach: https://www.thelancet.com/article/S0140-6736(20)30677-2/fulltext, Übersetzung durch den Autor.

6 Thomas Robert Malthus (1798): An Essay on the Principle of Population, (deutsch: Versuch über die Bedingung und die Folgen der Volksvermehrung, 1897).

7 Vgl. James C. Riley (2005): Estimates of Regional and Global Life Expectancy, 1800–2001, in: Population and Development Review 31 (September 2005), S. 537; https://onlinelibrary.wiley.com/doi/abs/10.1111/j.1728-4457.2005.00083.x

8 Vgl. Angus Maddison (2005): Growth and Interaction in the World Economy: The Roots of Modernity, Washington, DC: AEI Press, S. 5.

9 Putzger (2004): Historischer Weltatlas, S.139.

10 Ian Morris (2011): Wer regiert die Welt? Warum Zivilisationen herrschen oder beherrscht werden, S.473–474.

11 Ebd.

12  Die Gesundheitssoziologen David M. Cutler und Grant Miller schätzen, dass durch die Verfügbarkeit von sauberem Wasser zu einem Rückgang der Gesamtsterblichkeitsrate in den USA um die Hälfte zwischen 1900 und 1936 und zu einem Rückgang der Säuglingssterblichkeit um 75 Prozent führte; David M. Cutler und Grant Miller 2005: The Role of Public Health Improvements in Health Advances: The Twentieth Century United States, in: Demography 42, Nr.1 (Februar 2005), S.1–22.

13  Vgl. Max Roser (2019): Life Expectancy, Our World in Data; https://ourworldindata.org/life-expectancy

14  Ders. (2021): Average Real GDP Per Capita across Countries and Regions, Our World in Data; https://ourworldindata.org/higher-poverty-global-line

15  Vgl. Eurostat (2020); https://ec.europa.eu/eurostat/statistics-explained/index.php?title=Population_structure_and_ageing/de

16  Vgl. Martin Pirkl, DIE WELT vom 28.09.2015: Smartphones halten Senioren jung; https://www.welt.de/print/die_welt/wirtschaft/article146929323/Smartphones-halten-Senioren-jung.html

17  Vgl. Zukunftsinstitut (2017): Lebensstile.

18  Rainer Böhme, Petra Bruns, Werner Bruns (2007): Die Altersrevolution, S.187

19  Fünfter Bericht zur Lage der älteren Generation in der Bundesrepublik Deutschland, https://www.bmfsfj.de/blob/79080/8a95842e52ba43556f9ebfa600f02483/fuenfter-altenbericht-data.pdf

20  Vgl. Zukunftsinstitut (2016): Pro Aging. Die Alten machen uns jung.

21  Statistisches Bundesamt (2018): Die Hälfte der Generation 65 plus surft im Internet, https://www.destatis.de/DE/Presse/Pressemitteilungen/2018/10/PD18_407_p001.html

22  Statista (2021): Lebenserwartung von Männern und Frauen bei der Geburt in Deutschland im Zeitraum von 1871 bis 2018; https://de.statista.com/statistik/daten/studie/185394/umfrage/entwicklung-der-lebenserwartung-nach-geschlecht/

23  Vgl. Deutsches Zentrum für Altersfragen (2019): Funktionale und subjektive Gesundheit bei Frauen und Männern im Verlauf der zweiten Lebenshälfte; https://www.dza.de/themen/gesundheit-wohlbefinden-lebenszufriedenheit/detailansicht/funktionale-und-subjektive-gesundheit-bei-frauen-und-maennern-im-verlauf-der-zweitenlebenshaelfte-1

24  Vgl. eurostat (2020): Statistiken zur digitalen Wirtschaft und Gesellschaft – Haushalte und Privatpersonen, https://ec.europa.eu/eurostat/statistics-explained/index.php?title=Digital_economy_and_society_statistics_-_households_and_individuals/de&oldid=451102; MEEDIA: Überraschende Studie zur Mediennutzung, https://meedia.de/2017/03/06/ueberraschende-studie-zur-mediennutzung

25  So das Ergebnis einer Langzeitstudie der Yale University, zitiert nach: https://science1.orf.at/news/55986.html

26  Vgl. Becca R. Levy et al. (2009): Age stereotypes held earlier in life predict cardiovascular events in later life, in: Psychological Science, 203, S.296 ff.

27  Vgl. David G. Blanchflower, Andrew J. Oswald: International Happiness; https://www.nber.org/papers/w16668.pdf; Michael Neumann, Jörg Schmidt: Glücksfaktor Arbeit. Was bestimmt unsere Lebenszufriedenheit?, https://www.romanherzoginstitut.de/publikationen/detail/ gluecksfaktor-arbeit.html

28  FU Berlin (2014): Die Persönlichkeit ändert sich im hohen Alter stärker als bisher angenommen; https://www.fu-berlin.de/presse/ informationen/fup/2014/fup_14_327-persoenlichkeitsentwicklung-studie-jule-specht/index.html

29  Vgl. Generali Altersstudie (2013).

30  Vgl. Zukunftsinstitut (2016): Pro-Aging. Die Alten machen uns jung.

31  Ausführlich: Ebd.

32  Vgl. Jennifer Wiebking, FAZ.NET vom 29.10.2019: »596 Prozent mehr lustige Senioren«; https://www.faz.net/aktuell/stil/leib-seele/foto-agentur-getty-will-an-der-darstellung-des-alters-arbeiten-16452414.html

33  Vgl. Zygmunt Bauman (2017): Retrotopia.

34  Zitiert nach Michael Bröning: Die Alterspyramide, Tagesspiegel vom 31.01.2021.

35  Vgl. Demografie-Portal des Bundes und der Länder; https://www. demografie-portal.de/SharedDocs/Informieren/DE/ZahlenFakten/ Renteneintrittsalter_Lebenserwartung.html

36  Vgl. Thomas Öchsner, Süddeutsche Zeitung vom 07.11.2020: Vielen Rentnern geht es gut; https://www.sueddeutsche.de/wirtschaft/rentner-altersarmut-pensionen-altersversorgung-1.5106283

37  Vgl. lidA-Studie; https://www.arbeit.uni-wuppertal.de/fileadmin/arbeit/ lidA_Broschüre.pdf

38  Vgl. American Psychological Association (2009): People Who Work After Retiring Enjoy Better Health, According to National Study; https://www.apa.org/news/press/releases/2009/10/working-retirees

39  Vgl. Tagesschau vom 25.03.2019: Immer mehr Ältere arbeiten; https://www.tagesschau.de/inland/bericht-altersgrenze-101.html

40  Werner Plaggemeier: Gesundheit: Sinnstiftende Arbeit hält länger gesund; https://www.weka.de/betriebsrat-personalrat/gesundheit-sinnstiftende-arbeit-haelt-laenger-gesund

41  Teresa Nauber, DIE WELT vom 02.05.2016: Wer später in Rente geht, lebt länger; https://www.welt.de/gesundheit/article154970036/Wer-spaeter-in-Rente-geht-lebt-laenger.html

42  Hanns Ostermann, Deutschlandfunk Kultur vom 22.04.2017: »Wir werden im Laufe des Lebens immer glücklicher«, https://www.deutschlandfunk-kultur.de/altersforscher-sven-voelpel-wir-werden-im-laufe-des-lebens.990.de.html?dram:article_id=384346

43  Scinexx vom 30.04.2018: Fünf Tipps für ein längeres Leben; https:// www.scinexx.de/news/medizin/fuenf-tipps-fuer-ein-laengeres-leben/

44  Vgl. Bundesinstitut für Bevölkerungsforschung (2020): Ehelösungen; https://www.bib.bund.de/DE/Fakten/Lebensformen/Alter-Ehedauer.html

45  Vgl. David G. Blanchflower und Andrew J. Oswald 2012: Antidepres-

sants and Age in 27 European Countries: Evidence of a U-Shape in Human Well-being Through Life; https://www.andrewoswald.com/docs/newAntiDepressants15March2012.pdf

46  Zitiert nach DIE ZEIT vom 28.01.2021: Das Beste kommt noch, S. 27.

47  Zukunftsinstitut (2020): Gesundheitswelt 2049: Ein Navigator für die Zukunft; https://www.zukunftsinstitut.de/artikel/trendreport-gesundheitswelt-2049/

48  Ebd., S. 37.

49  Christian Benecker, Ärztezeitung vom 02.01.2020: Alleinsein – Oase oder Pein; https://www.aerztezeitung.de/Panorama/Alleinsein-Oase-oder-Pein-405364.html

50  Vgl. Sächsische Zeitung vom 30.05.2019: Einsamkeit der Menschen nimmt zu; https://www.saechsische.de/einsamkeit-der-menschen-nimmt-zu-5077284.html

51  Robert Koch-Institut: Depressive Erkrankungen; https://www.rki.de/DE/Content/Gesundheitsmonitoring/Gesundheitsberichterstattung/GBEDownloadsT/depression.html

52  Zitiert nach Christian Heinrich, DIE ZEIT vom 01.06.2010: Glück ist nicht wichtig; https://www.zeit.de/zeit-wissen/2010/04/Psychologie-Leben-Vaillant

53  Vgl. Amory Burchard, Marie Rövekamp, Rainer Woratschka, Tagesspiegel vom 04.06.2019: Das wachsende Leiden Einsamkeit; https://www.tagesspiegel.de/politik/millionen-deutsche-betroffen-das-wachsende-leiden-einsamkeit/24409434.html

54  Vgl. SPIEGEL ONLINE vom 28.07.2010: Einsamkeit schadet genauso wie Rauchen; https://www.spiegel.de/wissenschaft/mensch/psyche-und-gesundheit-einsamkeit-schadet-genauso-wie-rauchen-a-708728.html

55  Vgl. Tagesschau vom 17.01.2018: Einsamkeit wird Regierungssache; https://www.tagesschau.de/ausland/england-einsamkeit-101.html

56  Vgl. Deutsches Institut für Sicherheit und Vertrauen im Internet (DIVSI): Die digitalen Lebenswelten der über 60-Jährigen in Deutschland; https://www.divsi.de/wp-content/uploads/2016/10/DIVSI-UE60-Studie.pdf

57  Zukunftsinstitut: Generation Y; https://www.zukunftsinstitut.de/fileadmin/user_upload/Publikationen/Auftragsstudien/studie_generation_y_signium.pdf

58  Vgl. Jaqueline Lang, Süddeutsche Zeitung vom 12.06.2019: Die Welt wird friedlicher; https://www.sueddeutsche.de/politik/frieden-krieg-konflikte-1.4484116

59  Azar Gat (2006): War in Human Civilization, S. 130 f.

60  Vgl. Steven Pinker (2018): Aufklärung jetzt, S. 409.

61  Ebd.

62  Vgl. The Lancet (2017): Health Effects of dietary risks in 195 countries, 1990–2017: a systematic analysis for the Global Burden of Disease Study; https://www.thelancet.com/article/S0140-6736(19)30041-8/fulltext

63  Yuval Noah Harari (2020): Homo Deus: Eine Geschichte von Morgen, S. 31.

64  Vgl. Tagesschau vom 18.05.2021: Existenzängste führen zu Suizid; https://www.tagesschau.de/ausland/usa-corona-psyche-101.html

65  Steven Pinker a. a. O., S. 412.

66  Vgl. Deutsches Institut für Altersvorsorge 06.01.2020: USA: Lebenserwartung sinkt seit 2015; https://www.dia-vorsorge.de/demographie/usa-lebenserwartung-sinkt-seit-2015/

67  Vgl. Robert-Koch-Institut 2015: Gesundheit in Deutschland; https://www.rki.de/DE/Content/Gesundheitsmonitoring/Gesundheitsberichterstattung/GesInDtld/GesInDtld_inhalt.html

68  Vgl. Techniker Krankenkasse (2020): Gesundheitsreport: Arbeitsunfähigkeiten; https://www.tk.de/resource/blob/2081662/6382c77f2ecb10cc0ae040de07c6807 f/gesundheitsreport-au-2020-data.pdf

69  Vgl. Bundespsychotherapeutenkammer (2019): BPtK-Auswertung Langfristige Entwicklung Arbeitsunfähigkeit; https://www.bptk.de/wp-content/uploads/2019/05/20190523_pm_bptk_Die-längsten-Fehlzeiten-weiterhin-durch-psychische-Erkrankungen.pdf

70  Dan Chisholm et al. (2016): Scaling-up treatment of depression and anxiety: a global return on investment analysis, in: The Lancet Vol. 3, Issue 5, S. 415–424; https://www.thelancet.com/action/showPdf?pii=S2215–0366%2816%2930024-4

71  Robert D. Putnam (2001): Bowling Alone. The Collapse and Revival of American Community, S. 19.

72  WHO (2019): Suicide; https://www.who.int/news-room/fact-sheets/detail/suicide

73  Vgl. Jürg Altwegg: Marx, Macron und Mobutu, in: Frankfurter Allgemeine Zeitung vom 08.04.2021.

74  Michael J. Sandel (2020): Vom Ende des Gemeinwohls: Wie die Leistungsgesellschaft unsere Demokratien zerreißt, S. 29.

75  Ulrike Guérot (2017): Der neue Bürgerkrieg. Das offene Europa und seine Feinde.

76  Peter Glotz (1999): Die beschleunigte Gesellschaft. Kulturkämpfe im digitalen Kapitalismus.

77  Vgl. Sachverständigenrat deutscher Stiftungen für Integration und Migration (2019): Mit der Politik auf Du und Du? Wie Menschen mit und ohne Migrationshintergrund ihre politische Selbstwirksamkeit wahrnehmen; https://www.svr-migration.de/wp-content/uploads/2019/04/SVR-FB_Politische_Selbstwirksamkeit.pdf

78  Vgl. dazu das anregende Buch von Diana Kinnert (2021): Die neue Einsamkeit. Und wie wir sie überwinden können.

79  Vgl. dazu die Rede von Papst Benedict XVI im Deutschen Bundestag am 22. September 2011: http://www.vatican.va/content/benedict-xvi/de/speeches/2011/september/documents/hf_ben-xvi_spe_20110922_reichstag-berlin.html

80  Vgl. Eurobarometer (2018): Die europäische Bürgerschaft.

81  Ebd., S. 239.

82  Vgl. Tagesspiegel vom 19.03.2021: https://www.tagesspiegel.de/

gesellschaft/panorama/deutschland-siebter-im-happiness-report-finnland-auch-in-corona-zeiten-gluecklichstes-land-der-erde/27021618. html

83  Zitiert nach Frankfurter Allgemeine Zeitung vom 10.04.2021: Weniger Suizide in Amerika, S. 7.

84  Vgl. IAB (2020): Schwierige Jobsuche: Warum die Arbeitslosigkeit in den Städten höher ist als auf dem Land; https://www.iab-forum.de/schwierige-jobsuche-warum-die-arbeitslosigkeit-in-den-staedten-hoeher-ist-als-auf-dem-land/

85  Vgl. Forsa-Umfrage vom 18.05.2020: Enormer Vertrauenszuwachs für Bürgermeister und Kommunalpolitiker; https://kommunal.de/vertrauen-bürgermeister-gestiegen

86  Vgl. Bruno S. Frey, Claudia Frey Marti (2010): Glück. Die Sicht der Ökonomie. Sowie World Happiness Report (2021); https://happiness-report.s3.amazonaws.com/2021/WHR+21.pdf und Universität Hohenheim (2021): Bürgerbeteiligung aus Sicht der Bürger/innen in Baden-Württemberg; https://www.uni-hohenheim.de/uploads/media/2021–03_Buergerbeteiligung2.pdf

87  Vgl. Paul Collier (2019): Sozialer Kapitalismus! Mein Manifest gegen den Zerfall unserer Gesellschaft, S. 104.

88  Yuval Noah Harari (2018): 21 Lektionen für das 21. Jahrhundert, S. 57.

89  Lisa Herzog (2019): Die Rettung der Arbeit. Ein politischer Aufruf, S. 186.

90  Zitiert nach DIE ZEIT vom 13.06.2017: OECD: Einkommensunterschiede auf höchstem Niveau seit 50 Jahren; https://www.zeit.de/wirtschaft/2017-06/oecd-einkommensgefaelle-ungleichheit-gesellschaft-spaltung

91  Vgl. Anne Case und Angus Deaton (2020): Deaths of Despair and the Future of Capitalism. Princeton, S. 51.

92  Ebd., S. 7.

93  Ebd., S. 57.

94  Michael J. Sandel a. a. O., S. 325.

95  Axel Honneth (2010): Work and Recognition: A Redefinition, in: Hans-Christoph Schmidt am Busch und Christopher F. Zurn et al.: Philosophy of Recognition: Historical and Contemporary Perspectives, Lanham, S. 229–233, 234 ff.

96  Michael J. Sandel a. a. O., S. 337.

97  Ebd., S. 352.

98  Vgl. Tanja Karlsböck (2020): Trotz Corona: Jeder Zweite wünscht sich jetzt 30-Stunden-Woche; https://www.karriere.at/blog/umfrage-30-stunden-woche.html

99  Vgl. Swiss Life: Swiss Life-BU-Report: Anstieg um 40 Prozent. Immer mehr Menschen werden wegen psychischer Erkrankungen berufsunfähig; https://www.swisslife.de/ueber-swiss-life/presse/pressemitteilungen/newsfeed/2019/04–24.html

100 Statista (2019): Statistiken zu psychischen Erkrankungen; https://de.statista.com/themen/1318/psychische-erkrankungen/

101 Vgl. Nina Bärschneider, FAZ.NET vom 07.01.2020: Kürzer, besser,

glücklicher; https://www.faz.net/aktuell/karriere-hochschule/buero-co/
sechs-stunden-arbeitstag-kann-das-gutgehen-16565666.html

102  DAK-Studie (2020); https://www.dak.de/dak/bundesthemen/gute-
vorsaetze-2404354.html#/

103  John Maynard Keynes (2017): Allgemeine Theorie der Beschäftigung,
des Zinses und des Geldes.

104  Vgl. David Graeber (2019): Bullshit-Jobs. Vom wahren Sinn der Arbeit.

105  Vgl. Daron Acemoglou; James A. Robinson(2012): Why Nations Fail.
The Origins of Power, Prosperity and Poverty.

106  Vgl. Thomas Sattelberger (2015): Ich halte nicht die Klappe. Mein Leben
als Überzeugungstäter in der Chefetage.

107  Deutsche Bundesbank: Private Haushalte und ihre Finanzen, https://www.
bundesbank.de/de/bundesbank/forschung/haushaltsstudie/ergebnisse

108  Vgl. Bitkom (2021): Homeoffice statt Büro: Jeder Fünfte würde umzie-
hen; https://www.bitkom.org/Presse/Presseinformation/Homeoffice-
statt-Buero-Jeder-Fuenfte-wuerde-umziehen

109  Robert Habeck (2021): Mit dem Geld ins Grab steigen? Die pandemische
Ethik und der Gemeinschaftsgeist; https://www.robert-habeck.de/texte/
blog/mit-dem-geld-ins-grab-steigen/

110  Auf deutsch findet man den Ignoranztest u. a. hier: https://www.swr.de/
swr1/rp/quiz-factfulness-100.html

111  Vgl. Gapminder a. a. O., Rate extremer Armut, gapm.io/depov.

112  Vereinte Nationen 2017: Ziele für nachhaltige Entwicklung; https://
www.un.org/Depts/german/millennium/SDG%20Bericht%202017.pdf

113  Vgl. KfW (2019): Ist extreme Armut weiter auf dem Rückzug?;
https://www.kfw-entwicklungsbank.de/PDF/Download-Center/PDF-
Dokumente-Development-Research/2019_06_17_EK_Armutstrends_
Extreme_Armut_DE.pdf

114  Vgl. Alisa Kaps (2019): Äthiopien. Vom Agrarstaat zum Industriezentrum;
https://www.dandc.eu/de/article/aethiopien-gelang-ein-beachtliches-
wirtschaftswachstum-mithilfe-von-aussenhandelszuwaechsen

115  Vgl. Weltagrarbericht (2020); https://www.weltagrarbericht.de/
aktuelles/nachrichten/news/de/34169.html

116  Branko Milanović (2014): Die ungleiche Welt. Migration, das eine Prozent und die Zukunft der Mittelschicht, S. 243.

117  Vgl. DIE ZEIT vom 21.09.2020: Wohlhabende verursachen mehr Kohlen-
dioxid-Emissionen; https://www.zeit.de/wissen/umwelt/2020-09/
klimawandel-co2-ausstoss-wohlhabende-menschen-oxfam-studie

118  Vgl. UNESCO (2006): Weltbericht Bildung für alle (Kurzfassung auf
deutsch); https://www.unesco.de/sites/default/files/2018–02/
weltbericht_bildung_fuer_alle_2006.pdf

119  Zitiert nach https://www.zitate.eu/autor/arnold-joseph-toynbee-
zitate/103068

120  Zitiert nach Daniel Eckert, DIE WELT vom 25.05.2021: Wachstum durch
Zuwanderung; https://www.welt.de/wirtschaft/plus231242741/Migration-
Wachstum-durch-Zuwanderung-Deutschland-verpasst-die-Chance.html

121 Vgl. Bundesagentur für Arbeit, zitiert nach Daniel Eckert, DIE WELT vom 18.04.2018; https://www.welt.de/wirtschaft/article175547155/Migration-In-diesen-Jobs-sind-Auslaender-unentbehrlich.html

122 Vgl. Institut der Deutschen Wirtschaft (2021): MINT-Frühjahrsreport 2021; https://www.iwkoeln.de/studien/christina-anger-enno-kohlisch-oliver-koppel-axel-pluennecke-mint-engpaesse-und-corona-pandemie-von-den-konjunkturellen-zu-den-strukturellen-herausforderungen.html

123 Vgl. Bertelsmann Stiftung (2019): Deutschland hat noch eine junge Will-kommenskultur; https://www.bertelsmann-stiftung.de/de/themen/aktuelle-meldungen/2019/august/deutschland-hat-eine-noch-junge-willkommenskultur/

124 Deutsche Bundesbank (2017): Demografischer Wandel, Zuwanderung und das Produktionspotenzial der deutschen Wirtschaft; https://www.bundesbank.de/resource/blob/665312/782594a6c3f31b136f8e81e1a5df80b7/mL/2017-04-demografischer-wandel-data.pdf

125 Vgl. ONE, Eine Welt für alle; https://www.eineweltfueralle.de/uploads/tx_cagmaterialbrowser/afrikaszukunft_de.pdf

126 Vgl. Statistisches Bundesamt (2020): Stadtbevölkerung steigt bis 2030 weltweit um eine Milliarde; https://www.destatis.de/DE/Themen/Laender-Regionen/Internationales/Thema/bevoelkerung-arbeit-soziales/bevoelkerung/Stadtbevoelkerung.html

127 Vgl. Potsdam-Institut für Klimafolgenforschung (2016): Landwirtschaft im Klimawandel: Freier Handel könnte ökonomische Verluste aus-gleichen; https://www.pik-potsdam.de/de/aktuelles/nachrichten/landwirtschaft-im-klimawandel-freier-handel-koennte-oekonomische-verluste-ausgleichen

128 Felwine Sarr (2019): Afrotopia, S. 77 f.

129 Zitiert nach taz vom 15.07.2020; https://taz.de/Studie-zu-Verteilung-von-Vermoegen/!5695974/

130 Alexander Gerst (2018): Nachricht an meine Enkelkinder; https://www.rnf.de/mediathek/video/alexander-gerst-nachricht-an-meine-enkelkinder/

131 Vgl. WWF (2020): Rebuilding marine life; https://sub.wwf.it/wp-content/uploads/2020/04/MARINE-LIFE-REBUILDING-DUARTE-NATURE-2020.pdf

132 Vgl. zum folgenden meinen Essay mit Matthias Horx in DIE WELT vom 06.04.2019: Wir schaffen das, Greta; https://www.welt.de/debatte/kommentare/plus191374783/Klimawandel-Wir-schaffen-das-Greta.html?cid=onsite.onsitesearch

133 Der Begriff Blaue Ökologie stammt von Matthias Horx; vgl. Die blaue Revolution; https://www.horx.com/43-die-blaue-revolution/

134 Vgl. Swiss Re Institut (2021), zitiert nach Handelszeitung vom 22.04.2021: Swiss Re Institut warnt vor Konjunktureinbruch; https://www.handels-zeitung.ch/insurance/swiss-re-institute-warnt-vor-konjunktureinbruch

135 Vgl. YouGov (2019): Große Mehrheit der Verbraucher achtet auf umwelt-freundliche Verpackungen; https://yougov.de/news/2019/04/12/grosse-mehrheit-der-verbraucher-achtet-auf-umweltf/

136 Vgl. Boston Consulting Group (BCG) (2021): Peak Meat by 2025 for Eu-

rope and the US; https://www.bcg.com/news/23march2021-peak-meat-2025-europe-us

**137** Statista (2020); https://de.statista.com/statistik/daten/studie/264566/umfrage/kaeufertypen-bevorzugung-von-produkten-aus-fairem-handel-fair-trade/

**138** Zukunftsinstitut 2017: Generation Global.

**139** Vgl. Globescan im Auftrag der BBC (2016): Global Citizenship. A Growing Sentiment Among Citizens of Emerging Economies: Global Poll. In: globescan.com.

**140** Vgl. Erica Chenoweth and Maria J. Stephan (2011): Why Civil Resistance Works.

**141** So Berechnungen der Science Based Target Initiative, einem Zusammenschluss der UN und des WWF; https://sciencebasedtargets.org

**142** Vgl. zum folgenden mein Gastkommentar zusammen mit Jochen Wermuth im Handelsblatt vom 10.03.2021: Wie EuropaVorreiter beim Klimaschutz werden könnte; https://www.handelsblatt.com/meinunggastbeitraege/gastkommentar-wie-europa-vorreiter-beim-klimaschutz-werden-koennte/26971848.html

**143** Zitiert nach Olaf Zinke, agrarheute vom 20.09.2019: Klimawandel: der $CO_2$-Preis ist der Schlüssel; https://www.agrarheute.com/management/finanzen/klimawandel-co2-preis-schluessel-558926

**144** Vgl. Offener Brief Millionaires for Humanity; https://www.millionaires-forhumanity.com

**145** Vgl. Donella H. Meadows, Dennis L. Meadows, Jørgen Randers and William W. Behrens (1972): Limits to Growth, S. 47–47 (deutsche Ausgabe).

**146** Zitiert nach https://www.wiwo.de/technologie/umwelt/un-klimakonferenz-option-3-gruenes-wachstum/7432094–5.html (26.11.2012).

**147** Vgl. Roland Berger (2018): Deutscher Exportschlager Green Tech; https://www.rolandberger.com/de/Insights/Publications/Deutscher-Exportschlager-GreenTech-wächst-weiter.html

**148** So Roland Berger (2020): Potenziale der Wasserstoff- und Brennstoffzellen-Industrie in Baden-Württemberg, im Auftrag des Ministeriums für Umwelt, Klima und Energiewirtschaft des Landes Baden-Württemberg; https://www.baden-wuerttemberg.de/fileadmin/redaktion/m-um/intern/Dateien/Dokumente/6_Wirtschaft/Ressourceneffizienz_und_Umwelttechnik/Wasserstoff/200724-Potentialstudie-H2-Baden-Wuerttemberg-bf.pdf

**149** Vgl. Andrew McAfee (2020): Mehr aus weniger. Die überraschende Geschichte, wie wir mit weniger Ressourcen zu mehr Wachstum und Wohlstand gekommen sind und wie wir jetzt unseren Planeten retten, S. 96 f.

**150** Ebd., S. 99.

**151** Vgl. Christoph Eisenring, Neue Züricher Zeitung vom 23.12.2019: Kapitalismus = Wachstumszwang = Ressourcenverschleiss. Diese Gleichung ist falsch; https://www.nzz.ch/wirtschaft/mehr-wohlstand-mit-weniger-ressourcen-das-ist-keine-utopie-sondern-findet-statt-auch-in-der-schweiz-ld.1529445

152  Paul Skidmore und Kirsten Bound (2008): The Everyday Democracy Index; https://base.socioeco.org/docs/everyday_democracy_index.pdf

153  The Economist (2020): Democracy Index 2020; https://www.eiu.com/n/campaigns/democracy-index-2020/

154  The Economist (18.02.2020): Diseases like covid-19 are deadlier in non-democracies; https://www.economist.com/graphic-detail/2020/02/18/diseases-like-covid-19-are-deadlier-in-non-democracies

155  Vgl. Christian Welzel (2013): Freedom Rising. Human Empowerment and the Quest for Emancipation.

156  Vgl. Daniel Dettling (2020): Die neuen Despoten; in: Zukunftsreport 2021 (Hg. Von Matthias Horx).

157  Vgl. Steven Levitsky und Daniel Ziblatt (2018): Wie Demokratien sterben, S. 31 ff.

158  Zitiert nach Herman Van Rompuy anlässlich der Verleihung des Friedensnobelpreises an die Europäische Union am 10. Dezember 2012: Vom Krieg zum Frieden: eine europäische Geschichte; https://ec.europa.eu/commission/presscorner/detail/de/SPEECH_12_930

159  Vgl. Thomas L. Friedman (2020): Our new historical divide: B. C. and A. C. – the world before corona and the world after, in: *The New York Times* (17.03.2020).

160  Vgl. die Rede auf deutsch im Wortlaut: https://www.diplomatie.gouv.fr/de/aussenpolitik-frankreichs/frankreich-und-europa/staatsprasident-macron-initiative-fur-europa/

161  Interview mit WIRED (2018); https://www.wired.com/story/emmanuel-macron-talks-to-wired-about-frances-ai-strategy/

162  DLF-Interview vom 02.02.2020: Prinzip der Interessantheit schlägt Prinzip der Relevanz; https://www.deutschlandfunk.de/medienwissenschaftler-zu-omagate-prinzip-der.694.de.html?dram:article_id=466990

163  Vgl. Institute for Strategic Dialogue (2021): Überdosis Desinformation: Die Vertrauenskrise, Impfskepsis, und Impfgegnerschaft in der Covid-19-Pandemie; https://www.isdglobal.org/wp-content/uploads/2021/05/PM_ÜberdosisDesinformation-1.pdf

164  Ausführlich, mein gemeinsamer Text mit Matthias Horx: Was nach der Pandemie mit unserem politischen System geschieht, erschienen in: DIE WELT vom 17.05.2021.1

165  Vgl. Barbara Gillmann (2019): Studie: Gute Schulnoten durch viel Musik, Sport und wenig Mediennutzung, https://www.handelsblatt.com/politik/deutschland/institut-der-deutschen-wirtschaft-studie-gute-schulnoten-durch-viel-musik-sport-und-wenig-mediennutzung/24467438.html

166  Vgl. European Council (2018): Council recommendation on key competences for lifelong learning. In: Official Journal of the European Union, C 189/1.

167  Zitiert nach Matthias Horx (2021): Was aus Corona folgt; https://www.rnd.de/kultur/was-aus-corona-folgt-acht-vermutungen-zur-pandemie-4IXCHAPTZJBMDM2VUQ5YRQJLXU.html

168  Ebd.

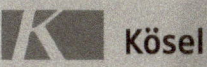

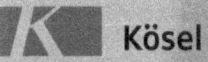